Elogios para JESÚS ES_____.

«Judah Smith es un regalo único para mi generación. En *Jesús es* ___ te estimulará a deshacerte de tu opinión preconcebida y limitada de Jesús para que puedas aceptar quién es él en verdad, en nuestra vida; más real y relevante de lo que hayamos imaginado jamás».

—Steven Furtick, pastor principal, Elevation
Church y autor de *Greater*, un *bestseller* del *New
York Times*

«La tarea más sobrecogedora y que más nos lleva a humillarnos como cristianos es, quizá, acabar esta frase: "Jesús es...". Como muchos de nosotros, los que somos salvos por su gracia, tenemos claro, él es Rey. Es Señor. Es salvación. Pero, para numerosas personas de nuestro mundo, es sobre todo y especialmente... un incomprendido. No conozco personalmente a otro ser humano en toda la tierra que pueda abordar semejante tema para un libro y que lo haga tan bien como Judah Smith. Para él, Jesús lo es todo. Y a partir de esa plataforma, escribe este libro. Espero con impaciencia ver su impacto en mi ciudad, Nueva York, y más allá... se ha hecho esperar».

—Carl Lentz, pastor principal
Hillsong Church, Nueva York

«¡De tarde en tarde se escribe un libro que no solo contiene un mensaje poderoso, sino que, además, su autor es una encarnación viva del mismo, atribuyéndole así un mayor poder de transformar vidas! El libro que tienes en tus manos es uno de estos. A medida que lo vayas leyendo descubrirás que Jesús no es en absoluto como tú pensabas y, a la vez, es infinitamente más de lo que imaginaste jamás».

—Christine Aine,
fundadora de la campaña A21

«Este libro aporta a cualquier lector —independientemente del punto en el que se halle en su camino de fe— la inspiración para redefinir y reiniciar una nueva relación con Jesús».

—ROMMY BARNETT, PASTOR PRINCIPAL, PHOENIX FIRST
Y FUNDADOR DE LOS ANGELES DREAM CENTER

«Me siento honrado de que Judah me considere su pastor. Su comprensión de quién es Cristo, de quién es él en Cristo, y su pasión por ver que las personas conozcan a Jesús son contagiosas y admirables para su edad. Este es su mensaje de vida: descubrir a la persona de Cristo y comunicar la verdad de quién es Jesús. Tal vez no conozcamos jamás la plenitud del Hijo del Hombre a este lado de la eternidad y las palabras puedan quedarse cortas cuando intentamos descubrir lo que Jesús es _____, pero la revelación que Judah comparte en este libro te llevará al principio de un viaje en el que te enamorarás aún más de las infinitas características del hombre más extraordinario que jamás existió».

—BRIAN HOUSTON, PASTOR TITULAR, HILLSONG CHURCH

«¿Quién es Jesús para ti? Hallar la respuesta a esta pregunta cambiará tu vida para siempre. Judah Smith está embarcado en la misión de compartir la verdad sobre Jesús; si estás procurando saber más, lo encontrarás en Jesús es _____».

—CRAIG GROESCHEL, PASTOR TITULAR DE
LIFECHURCH.TV Y AUTOR DE SOUL DETOX: CLEAN
LIVING IN A CONTAMINATED WORLD

«Me encanta este libro, porque Judah Smith se centra en la gran pregunta de la existencia humana. Todo lo demás pierde su importancia cuando se compara con decidir quién es Jesús y lo que eso significa en nuestra vida. Es así de sencillo».

—MILES MCPHERSON, PASTOR, ORADOR Y
AUTOR DE GOD IN THE MIRROR: DISCOVERING
WHO YOU WERE CREATED TO BE

«Mi buen amigo Judah Smith es genial, y podría ser el mejor comunicador del planeta. Este libro que cambia las reglas de juego te inspirará, te desafiará y será para ti la sacudida que te dirija a la persona de Jesús, a la vez que nos recuerda a todos que él es efectivamente la vida verdadera. El entusiasmo de Judah por las personas y por propagar el evangelio se hace evidente a través de lo que escribe, y sé que *Jesús es* ____ será un mensaje y un movimiento que transformarán la vida de muchos, y que ya lo han hecho en mí».

—BRAD LOMENICK, PRESIDENTE DE CATALYST
Y AUTOR DE *THE CATALYST LEADER*

«Para muchísimos de nosotros, nuestro concepto de Jesús procede de la cultura y de la tradición, y no de lo que la Biblia dice en realidad. Judah nos ayuda, con su arrollador entusiasmo y creatividad, a ignorar el embrollo de los estereotipos y nos lleva a lo que Jesús es en realidad. ¡Las verdades de este libro cambiarán tu vida!».

—CHRIS HODGES, PASTOR TITULAR, CHURCH
OF THE HIGHLANDS Y AUTOR DE *FRESH AIR*

«Si de verdad captas el concepto de este libro, cambiará tu vida. Todos tenemos preguntas sobre nuestra fe. Judah tiene el don de navegar por toda la retórica religiosa y arroja luz sobre quién es Dios, de una forma que yo nunca había visto antes. Al final de este libro, te garantizo que te sentirás amado por tu Creador».

—JASON KENNEDY, CORRESPONSAL DE *E! NEWS*

«Judah Smith es uno de los mejores comunicadores que he oído jamás. Es auténtico, apasionado, con sentido del humor y extremadamente sabio para su edad. Este libro te inspirará y te hará reír al mismo tiempo. También supondrá para ti un desafío y un estímulo. Como siempre ocurre con Judah, todo trata de Jesús».

—NICKY GUMBEL, VICARIO DE HOLY TRINITY
BROMPTON Y PIONERO DEL CURSO ALFA

«El debate sobre quién sería Jesús comenzó hace miles de años, incluso antes de su nacimiento. Hoy, la discusión sigue vigente (y, con ella, la confusión). Pero en *Jesús es* _____, mi amigo Judah Smith rompe barreras y aclara el embrollo sobre la personalidad más influyente que el mundo haya conocido jamás. Ya sea que sepas, que creas saber, o que no tengas la más mínima idea de quién es Jesús, ¡este libro es de lectura obligada!»

—ED YOUNG, PASTOR TITULAR, FELLOWSHIP
CHURCHY AUTOR DE *OUTRAGEOUS, CONTAGIOUS JOY*

«Judah Smith explica de un modo sumamente claro y concienzudo quién es Jesucristo y lo que significa para nuestra vida. En este libro *Jesús es* _____, Judah presenta una guía elaborada de la vida de Cristo, su sacrificio para salvar a la humanidad y el poder de su gracia. El amor de Cristo es un regalo extraordinariamente revolucionario que está manos a la obra a nuestro alrededor. Es más que evidente que Judah Smith posee un corazón de siervo y un extenso entendimiento de la naturaleza de Cristo. Jesús es nuestro salvador, nuestro amigo, nuestro mentor y nuestro propósito en todas las cosas. Jesucristo está vivo y este libro pinta esta realidad con un lenguaje hermoso e impresionante».

—PASTOR MATTHEW BARNETT, COFUNDADOR
DE LOS ANGELES DREAM CENTER

«A través de su explicación de quién es Jesús, Judah enseña cómo, al ser personas perdonadas, *nosotros* tenemos la fuerza sobrenatural de perdonar a los demás y de vivir una bendita vida de libertad. ¿Por qué permitir que tus fracasos pasados te retengan cuando Jesús ya pagó por ellos? Como una fuerza positiva, Judah enseña lo que sabe, lo que ama y lo que cree en... Jesús. Como suele decir "Soy un joven de Jesús"».

—RYAN GOOD, ESTILISTA DE JUSTIN
BIEBER Y PRODUCTOR DEL ESPECTÁCULO
TELEVISIVO *PUNK'D*

JESÚS ES _____.

JUDAH SMITH

JESÚS ES _____.

UN NUEVO
CAMINO PARA SER
GENUINAMENTE
HUMANO

GRUPO NELSON
Una división de Thomas Nelson Publishers
Desde 1798

NASHVILLE   DALLAS   MÉXICO DF.   RÍO DE JANEIRO

Editora General: *Graciela Lelli*
Traducción: *Loida Viegas*
Adaptación del diseño al español: *S.E.Telee*

ISBN: 978-1-6025-5676-8
Impreso en Estados Unidos de América

13 14 15 16 17 RRD 7 6 5 4 3 2 1

Este libro está dedicado a la comunidad de la que he tenido el privilegio de formar parte desde que tenía trece años, la City Church. Este es nuestro viaje.

Contenido

CONTENIDO

Prólogo

por Bubba Watson

Algunas veces, Dios se apodera de tu existencia por una de esas vueltas locas que da la vida.

Cuando oí por primera vez el nombre de Judah Smith, mi padre se encontraba a pocas semanas de ser llamado al hogar celestial. Mi entrenador, Andrew Fischer, me habló de este extraordinario joven pastor y me alentó a escucharlo *online*. Me comentó que se llamaba Judah Smith y que era de Seattle.

Unos cuantos días después, estaba verificando mi Twitter, y observé que un pastor de Seattle llamado Judah Smith me estaba siguiendo. Le escribí diciéndole que mi entrenador lo escuchaba *online*, y empezamos a enviarnos notas a través de esta red social durante las siguientes semanas.

Luego, mi padre falleció. Había luchado contra el cáncer durante algún tiempo, pero nada te prepara para algo así, aunque lo estés viendo venir. Yo estaba más apegado a mi padre que a ninguna otra persona. Él fue mi entrenador dentro y fuera del campo. Fue un momento muy duro para mí.

Judah no tardó en enviarme mensajes inspiradores de la

Biblia. Fue un gesto sincero que, en aquel momento, significó muchísimo para mí. Por aquel entonces yo no tenía ni idea de que él estaba pasando por lo mismo. Su padre también luchaba contra el cáncer. Exactamente dos meses después de que mi padre falleciera, el suyo también fue llamado al cielo.

A partir de entonces, todo es muy gráfico. Lo recuerdo como si fuera ayer. Le pedí a Judah por Twitter su teléfono. Lo llamé cinco días después de la pérdida de su padre y le pregunté si quería bajar a mi casa a jugar al golf. ¿Qué puedo decir? Judah es pastor; compartía versículos de la Biblia. Yo soy un golfista; compartía el *green*. Judah y su familia hicieron las maletas y pusieron rumbo a Scottsdale.

Judah dijo que él tenía un hándicap siete, pero ese primer día que jugamos al golf superó los ochenta golpes, y tampoco lo mejoró en las siguientes ocasiones.

Como ya he dicho, Dios te atrapa por alguna loca vuelta de la vida. La única forma en que se puede explicar mi amistad con Judah es el plan de Dios. Me ha fortalecido en mi caminar con Cristo. Ha desempeñado un gran papel como ejemplo en todos los ámbitos de la vida. Me ha ayudado a ser más coherente a la hora de buscar la voluntad de Dios y a confiar en el Señor a diario. A medida que nuestra amistad ha ido creciendo, me ha enseñado a ser mejor padre, mejor esposo, mejor amigo y hasta mejor oyente, todo... ¡excepto quizá a ser mejor golfista!

¿Cómo lo hace? Comparte a Jesús. Eso es lo que pone a Judah en marcha y lo que lo mantiene hacia adelante. Quiere ayudar a las personas a que conozcan a Jesús y lleguen a ser más como él.

Espero que *Jesús es* _____ te ayude a hacer exactamente eso. Es un mensaje sencillo, pero de la clase de mensaje que todos nosotros necesitamos oír.

Introducción

Tengo treinta y tres años, y nací y crecí en la costa noroeste del Pacífico, lo que significa que soy un adicto al café y a quejarme del tiempo. Soy esposo, padre de tres hijos y un golfista mediocre. También soy pastor.

Esta última parte hace que la gente se sienta incómoda. Intenta no decir palabrotas delante de mí, y la mayoría de las veces eso me hace reír. Piensan que no me puedo relacionar con ellos. Por supuesto, un pastor no dice palabrotas ni tiene pensamientos impuros, ni grita a sus hijos, ni ve pornografía, ni se emborracha, ni consume drogas, ni engaña a su esposa ni al fisco. También juzga a todos los que ve, no se divierte, intenta no sonreír, y solo practica el sexo porque es un mal necesario para perpetuar la especie.

Todos estos son estereotipos, claro está. Algunos son ciertos y otros no. Pero nada de esto cuenta toda la historia de lo que significa ser pastor, cristiano, o incluso una buena persona.

A lo largo de los últimos años, me he embarcado en un viaje que ha desafiado los estereotipos sobre mí, sobre el pecado y los pecadores, sobre Jesús mismo. Resulta difícil describir la profundidad de la transformación que he experimentado, pero una cosa sé: jamás volveré a ser el mismo.

El cristianismo no consiste en no decir palabrotas. No guarda relación con tener pensamientos impuros. En realidad, no tiene nada que ver con nada.

El cristianismo consiste en Jesús.

La campaña

Hace unos tres años, poco después de llegar a ser pastor titular, me senté con el equipo de redacción de mi iglesia y les dije que quería lanzar una campaña de *marketing* en nuestra ciudad. Mi objetivo: meter a Jesús en la mente de Seattle.

No era mi intención promocionar nuestra iglesia. No quería fomentar una doctrina. Sencillamente deseaba que las personas pensaran más sobre Jesús.

De aquella pequeña reunión salió la campaña «Jesús es ____». Nuestra técnica publicitaria consistió en vallas, anuncios en los autobuses, en Facebook, imanes para el parachoques (no adhesivos; la gente ama su auto), y una página web: jesus-is.org. donde cada uno pudiera rellenar el espacio libre de la frase. Organizamos, asimismo, centenares de lo que llamamos «Proyectos Jesús es ____»: acontecimientos de alcance social de los que se ocuparon los miembros de nuestra iglesia, que limpiaron parques, se presentaron como voluntarios en las escuelas y llevaron a cabo otros proyectos de servicio a la comunidad.

El argumento de la campaña consistía, sencillamente, en hacer que las personas pensaran en Jesús. Sentíamos que la indiferencia era nuestro mayor enemigo. Nuestro razonamiento era que si podíamos conseguir que las personas reflexionaran sobre Jesús, él sería más que capaz de revelarse a ellos.

La respuesta fue abrumadora. Nuestra página web ha recibido más de un millón y medio de visitas. El setenta y cinco por ciento de las personas contadas han enviado respuestas para rellenar el espacio libre. La campaña se ha mencionado en páginas ateas, de pornografía y de distintas iglesias. Ha sido el objetivo de los *hackers* en múltiples ocasiones.

Al parecer, Jesús provoca una reacción en los seres humanos.

Las respuestas enviadas son increíblemente conmovedoras. El examen de la página web proporciona un comentario fascinante sobre el concepto que nuestra cultura tiene de Jesús. Muchas de las contestaciones son, por supuesto, a favor de Jesús. Otras son simplemente divertidas. Algunas son extrañas. Un gran número de ellas son manifiestamente en contra de Jesús: son blasfemas, llenas de odio e incluso perversas.

Pocos meses después de lanzar la campaña, nos dimos cuenta de algo. Jesús es____ era más que una campaña inteligente o un mantra publicitario. Era la misión de nuestra iglesia.

En el vestíbulo de nuestro salón de reunión, una pizarra gigante anunciaba: «Nuestra misión: mostrarte quién es Jesús». Debajo, centenares de definiciones escritas a mano aparecían cada semana, en las que las personas que asistían a los cultos celebraban quién es Jesús para ellas.

No se me ocurre mejor misión en la vida. Es probable que escriba más libros, pero dudo que jamás pueda producir otro tan importante como este. Al mismo tiempo, he de reconocer que este apenas araña la superficie de quién es Jesús. Descubrir las profundidades de su amor se ha convertido en mi obsesión, mi pasión y mi deleite.

La Biblia

Soy una persona de Biblia. No creo que mi cerebro haya funcionado lo suficiente para imaginar el significado de la vida, pero la Biblia es un libro asombroso, divino, sobrenatural que nos enseña el plan de Dios. Nos proporciona una perspectiva adecuada de la vida. Estoy convencido de que Dios usó a seres humanos para escribirla, pero guió lo que ellos plasmaron y todo en ella es preciso y certero.

No me molesta que no lo creas, pero sí espero que no te fastidie que yo lo haga. En realidad, creo que este libro tiene aún más sentido aunque tú no creas en él, y que sería, por tanto, fantástico que lo abordaras con una mente abierta. Ninguno de nosotros, yo incluido, posee la verdad absoluta, pero podemos aprender los unos de los otros.

Se supone que la Biblia tiene los pies en la tierra. Se escribió para gente de verdad que se enfrentaba a cuestiones de verdad. Por tanto, cuando predico o escribo, suelo volver a contar los relatos de la Biblia con mis propias palabras. No es una nueva traducción, sino una paráfrasis que, por lo general, lleva inyectada una buena dosis de humor. Algunas veces yo mismo me desternillo, pero la risa es bíblica, y yo me siento casi santo riéndome de mis propios chistes.

Mi cerebro de notas adhesivas

Como lo vas a descubrir muy pronto, mejor te lo explico ahora. No soy una persona muy lineal.

Esto deleitará a algunos de ustedes y frustrará a otros. Tengo la capacidad de atención de un niño de cinco años, y para mí está muy bien, porque los niños de esa edad disfrutan infinitamente más que la mayoría de los adultos.

Algunos de ustedes tienen el cerebro lleno de archivadores, todos bien alineados en filas ordenadas. Todo está indexado y por orden alfabético. Cuantifican, califican y calculan su vida, y esto es sorprendente. Que Dios los bendiga.

Las paredes de mi cerebro están cubiertas de notas adhesivas. Y estos *post-its* están llenos de garabatos que, a su vez, están resaltados en múltiples colores fluorescentes. De modo que si notas que voy un poco a saltos en este libro, ahora sabes a qué se debe. Ora por mí.

Una nota final

No sería yo quien soy sin la influencia de mi padre, Wendell Smith. Falleció de cáncer en diciembre del 2010 y lo echo en falta cada día. Era mi mentor, mi amigo y mi héroe.

Él y mi madre, Gini, fundaron la City Church en 1992. La pastorearon durante diecisiete años antes de entregárnosla a mi esposa, Chelsea, y a mí en el 2009. La fe de mi padre, su generosidad y su amor no tenían igual.

Mi padre me mostró quién es Jesús. Me inició en un viaje de deleite y descubrimiento que prosigue cada día.

Mi oración es que, a medida que vayas leyendo este libro, tú también veas a Jesús tal como es. Y cuando lo logres, te parecerá irresistible.

JESÚS ES tu amigo.

UNO

Supermalo o un poco malote

«Si Dios puede ayudar a fulanito, ¡puede hacerlo con *cualquiera*!».

Yo mismo lo he dicho unas cuantas veces. «Fulanito» siempre es una referencia a expertos pecadores, famosos por su pericia en el mal hacer. Son asombrosos en lo que al pecado respecta, pecan mucho y disfrutan con ello.

«¿No te has enterado? Esa actriz ha vuelto a divorciarse. Y ya van cinco matrimonios fracasados y este último no ha durado más de tres meses. Desde luego, si Dios la puede enderezar, ¡es que puede ayudar a cualquiera!».

«¿Ese líder se llama cristiano, ¿pero te puedes creer en lo que estaba metido? Debería avergonzarse. Si Dios puede ayudarlo, ¡puede hacerlo con cualquiera!».

Seamos sinceros. A la gente mayormente buena le gusta despreciar a los que son mayormente malos. Disfrutamos con los sentimientos de compasión condescendiente o de ultraje santurrón. Levantamos alegremente a los destacados impíos como maravillas de la depravación, ejemplos de lo malas que pueden llegar a ser las personas. Luego, acabamos nuestro café *latte*, metemos a los 2,2 hijos que nos corresponden en nuestro deportivo todoterreno casi pagado y nos dirigimos a contribuir con la sociedad.

Observa cómo me acabo de incluir en la categoría de los «mayormente buenos». Ni siquiera me he parado a pensarlo. Lo he hecho y ya.

Y esto es lo que más me molesta.

La escala de maldad

El problema con la frase «si Dios puede salvar a...» es que implica la existencia de un sistema de evaluación de los pecados. Se trata de una escala de maldad (o de bondad, dependiendo de si estamos valorando a otros o a nosotros mismos) de la que no se habla, que la cultura suele impulsar, y que es del todo arbitraria.

En nuestro baremo, etiquetamos los pecados de la manera siguiente: pequeños, pequeños-medianos, medianos, medianos-grandes, grandes, extragrandes y descomunales. Si vemos a alguien con pecados de pequeños a medianos, pensamos: *Es una persona bastante buena. Es aceptablemente sensato y moralmente comprometido. Es evidente que está cerca de Jesús. A Dios no le resultará difícil hacerse con él.*

Luego vemos a alguien con pecados de medianos a grandes, y nos ponemos más nerviosos. *Desde luego, tenemos que orar por ella. Su vida va rápidamente cuesta abajo. Dios va a tener que llamarle la atención de una manera dura. Ella va a tener que ponerse manos a la obra y arreglar su vida para que pueda estar más cerca de Dios.*

Cuando nos encontramos con un pecador de talla descomunal, alguien que comete los pecados más grandes, nos limitamos a sacudir la cabeza llenos de una compasión hiperpiadosa.

Sin embargo, en ningún lugar de la Biblia encontramos que Dios haga distinción entre varios niveles de pecado. Él no comparte nuestro sistema de evaluación. Para él, todo los pecados son igual de malos, y todos los pecadores merecen el mismo amor. Es evidente que los pecados tienen distintas consecuencias: algunos hacen que te metan en la cárcel o que te rompan la cara, mientras que otros apenas se notarán. Pero Dios llama al pecado, *pecado*.

Zaqueo el gánster

Jesús tampoco tuvo un sistema de evaluación para el pecado. Estaba dispuesto a aceptar y amar a cualquiera. No existe un caso más evidente que la historia de Zaqueo, el recaudador de impuestos.

Debería mencionar por adelantado que cuando leo las historias de la Biblia, todos los personajes principales tienen acento. Así es cómo funciona mi mente. La concentración nunca ha sido mi fuerte, y sospecho que esto de los acentos es un ardid desesperado de mi cerebro por mantenerme centrado.

En mi cabeza, Zaqueo era lo más parecido a un gánster. Si no eres capaz de leer su diálogo con un poco de fanfarronería tú y yo no vamos a conectar muy bien en las páginas siguientes. Es posible que necesites escuchar unos cuantos álbumes de hip-hop y lo vuelvas a intentar.

En el caso de que no estés familiarizado con el relato, Zaqueo era un cobrador de impuestos. En realidad, era el jefe de los recaudadores. También era bajito. Esto es de suma importancia.

Esta es la historia directamente de la Biblia.

Habiendo entrado Jesús en Jericó, pasaba por la ciudad. Y un hombre llamado Zaqueo, que era jefe de los recaudadores de impuestos y era rico, trataba de ver quién era Jesús; pero no podía a causa de la multitud, ya que él era de pequeña estatura. Y corriendo delante, se subió a un sicómoro para verle, porque Jesús estaba a punto de pasar por allí.

Cuando Jesús llegó al lugar, miró hacia arriba y le dijo: Zaqueo, date prisa y desciende, porque hoy debo quedarme en tu casa.

Entonces él se apresuró a descender y le recibió con gozo. Y al ver esto, todos murmuraban, diciendo: Ha ido a hospedarse con un hombre pecador.

Y Zaqueo, puesto en pie, dijo al Señor: «He aquí, Señor, la mitad de mis bienes daré a los pobres, y si en algo he defraudado a alguno, se lo restituiré cuadruplicado!

Y Jesús le dijo: Hoy ha venido la salvación a esta casa, ya que él también es hijo de Abraham; porque el Hijo del Hombre ha venido a buscar y a salvar lo que se había perdido.

(Lc 19.1-10)

Antecedentes interesantes: los israelitas del tiempo de Jesús consideraban a los recaudadores de impuestos como ladrones y extorsionistas. Eran judíos que trabajaban para el régimen romano que gobernaba Israel en aquella época. Su labor consistía en cobrar los impuestos de su propio pueblo y entregarlos al odiado poder extranjero. Sus propios ingresos procedían de todo lo que pudieran conseguir de la gente una vez satisfecha la cuota de Roma. De modo que Zaqueo y sus colegas traidores iban añadiendo una tasa sobre la marcha. Era un engañador profesional, un malversador. Les sacaba el dinero a pobres señoras ancianas. Era un ladrón.

Creo que estaba muy al día en la cultura popular, dicho sea de paso. Me da la impresión de que le gustaba figurar; le encantaba estar metido en el meollo la acción. Cuando se extendía la alfombra roja y aparecían las cámaras, allí estaba él, con una señora colgando de cada brazo, mirando por encima de sus gafas de sol a los equipos de TMZ. «¡Hey, hola a todos!». Cuando daba conferencias de prensa, hablaba de sí mismo en tercera persona.

Era un tipo bajito, pero no te dejes engañar por su estatura. Tenía un montón de dinero. Años antes, en algún momento, los romanos lo habían reclutado. Probablemente debía de ser un prodigio. Habría empezado como ayudante de un recaudador. Tras demostrar su valía, lo habrían ascendido a recaudador. Finalmente, cuando nos lo encontramos en esta historia, ya se ha convertido en el jefe de los recaudadores. Es muy posible que supervisara todo un distrito de impuestos y a una banda de minirrecaudadores que le daban una tajada de lo que ellos se quedaban.

Esto convertía a Zaqueo en el rechazado principal. Es infame, legendario, famoso. ¿Cuánto tiempo lleva haciendo esto? ¿Cinco años? No, son más, es un jefe de publicanos. ¿Diez años? ¿Veinte?

No creo que le importe que le odien. En realidad le encanta su vida. Vive en su gran mansión con vistas a toda la ciudad, echado en su tumbona junto a su inmensa piscina, con sirvientes que lo abanican y dejan caer uvas en su boca.

Ahora, todos le temen. Con toda seguridad lo odian, pero al menos lo respetan. Cuando estaba en la escuela primaria, nadie escogía al bajito para jugar. Pero, ahora, le tienen miedo. Es el grandullón del barrio.

Según los rumores, Jesús podría ser el Mesías prometido. Zaqueo se había educado en la cultura judía, y estaría familiarizado con las profecías. No cabe duda de que había oído hablar de la futura venida del Mesías. Ahora, Jesús está cruzando la ciudad y Zaqueo se dice: «Voy a echarle un ojito a este tipo. Está consiguiendo numerosos seguidores; mucha gente habla de él. Me está picando la curiosidad».

Dudo mucho que Zaqueo estuviera pensando: *Caramba, espero de verdad que Jesús me salve*. ¿Salvarlo? ¿De qué? ¿De su gran casa? ¿De todas las señoras que lo amaban?

No; solo quería echarle un vistazo a aquel tipo tan popular. Zaqueo solo pensaba en su estatus. Uno no se convierte en recaudador y después en jefe de los publicanos sin que le guste el dinero y sin tener una buena situación. Era famoso, en el sentido negativo, pero famoso a fin de cuentas.

Jesús empieza a recorrer la ciudad. La gente flanquea las calles para poder verlo pasar, y Zaqueo se da cuenta de que no conseguirá divisarlo por encima de la multitud. *¡Qué fastidio!*, se dice. *No voy a poder verlo*.

Zaqueo es un tipo con ideas, acostumbrado a salirse con la suya. De modo que se remanga su ostentosa túnica, se adelanta corriendo con el repiqueteo de sus cadenas de oro, y trepa a un sicómoro.

Como era de esperar, desde allí puede ver la nube de polvo y a toda la gente agolpada alrededor de Jesús. Cualquiera diría que se trataba de Justin Bieber o alguien por el estilo. Baja por la calle y, de repente —Zaqueo no puede creer la suerte que tiene—, se detiene justo al lado del árbol sobre el que se halla el hombrecito.

¡Esto sí que es suerte!, piensa. *Desde aquí arriba puedo verle perfectamente y hasta quizá pueda escuchar lo que diga.*

Entonces, para su sorpresa, Jesús alza la mirada y lo mira. Lo llama por su nombre: «Zaqueo».

«¿Quéeeee? ¿Cómo es que me conoces? Yo no te he visto en mi vida. ¿Quién te ha hablado sobre mí?».

Dicen que el sonido más dulce para un ser humano es el de su propio nombre. Dios llama a este hombre rechazado, endurecido y egoísta, por su nombre: «¡Zaqueo! ¡Date prisa! Me dirijo a tu casa... ahora mismo.»

«¿De verdad? Eh... bueno. ¡Genial!».

Zaqueo está disfrutando ese momento. Todos los respetables judíos religiosos quieren un minuto con Jesús, un gesto con la cabeza, estrechar su mano. Pero ahora, el jefe de los publicanos —el peor tipo de los alrededores— consigue una invitación personal. Me lo imagino mirando a todos y diciendo: «¿Y ahora qué? ¿Qué tienen que decir a esto?». Envía mensaje a todos sus compinches y sus esbirros recaudadores para que vengan y conozcan a ese Jesús. Es su momento de gloria.

«Lo cambio todo»

Pero aquella tarde, algo inesperado e inexplicable empezó a

ocurrir en el corazón de Zaqueo. ¿Cuánto duraría su audiencia con el Dios vivo? ¿Dos horas? ¿Cuatro? No lo sabemos. ¿De qué hablarían? Solo podemos imaginarlo.

Suponemos que cenarían juntos y que a Jesús le tocaría escuchar bastante. Seguro que Zaqueo pensó: *Nadie me hace caso, tan solo unos cuantos muchachos que trabajan para mí. Pero a este tipo le importo. Me escucha. Me comprende.*

Me lo imagino mirando a los ojos más compasivos que hubiera visto en toda su vida y cavilando: *¿Sabrá Jesús quién soy? ¿Se percatará de quiénes están sentados a la mesa? ¿Estará al tanto de cómo nos ganamos la vida? ¿Sospechará con qué se ha pagado su pescado? ¿Cómo he pagado esta casa? Seguro que sí... pero no me rechaza.*

Tras unas cuantas horas con Jesús, Zaqueo ya no se puede contener. Bruscamente, se pone en pie, al parecer, abrumado por quién es Jesús. Delante de parientes, compañeros y empleados, suelta: «¡Lo cambio todo!».

¿Qué?

«Que lo cambio todo, Jesús. Voy a empezar a dar mi dinero. De hecho, a todo el que haya engañado, le voy a devolver cuadriplicado lo que le he robado».

El desalmado jefe de aquella pandilla ávida de dinero está a punto de quebrantarse, y ni siquiera le importa. Un momento con Jesús lo cambió todo.

Me pregunto qué dijo Jesús aquella breve tarde que cambió la vida del que durante toda su vida había sido un tomador y lo transformó en un generoso dador. Pero esta no es la idea de este pasaje. Creo que la Biblia obvia lo que hablaron, porque intentaríamos convertirlo en una receta o un programa. No fue lo que Zaqueo hablara, sino aquel con quien conversó sobre ello. Se trataba de estar con Jesús.

¿Qué cambió a Zaqueo? ¿Un principio bíblico? ¿La devoción personal? ¿El deber y los actos religiosos? No; solo unos momentos con Dios encarnado. Ni siquiera leemos que alguien dijera que Zaqueo tenía que arrepentirse o devolver el dinero. Pero algo le ocurrió al encontrarse con Jesús.

¡Date prisa, baja!

La verdad es que yo soy Zaqueo. Puede ser que no sea bajito de estatura, pero me quedo corto en lo espiritual, en mi aptitud y en mi propia capacidad. Aunque yo quiera llegar a Jesús, aunque quiera verlo, no puedo ver más allá de mí mismo. No puedo ver más allá de mi pecado, de mis distracciones, de mi ego.

¿Cómo intentamos alcanzar a Jesús? Corremos más y trepamos a los árboles proverbiales de las acciones religiosas. Pensamos: *Llegaré hasta Jesús. Se impresionará cuando vea quién soy.*

Creo que la mayoría de las personas tienen un sentido de inadecuación y fracaso en lo más profundo de sí mismas. Independientemente del ahínco con el que lo intenten, o de cómo actúen, saben que se encuentran en un lugar oscuro. Son cortos en un sentido espiritual. Han pecado y no dan la talla con respecto a las expectativas de Dios. Por ello, piensan: *Correré más, me adelantaré, encontraré un árbol y treparé a él, y conseguiré toda la atención de Dios.*

¡Como si la atención de Dios se pudiera lograr por correr y por subirte a un árbol!

No fue esto lo que salvó a Zaqueo. Fue la misericordia de

Dios. Fue la gracia de Dios. Fue la iniciativa de Dios.

Pensamos que Dios se detiene y se da cuenta de que estamos ahí, porque nos ve encaramados en nuestros simpáticos sicómoros. Creemos que es por lo buenos que somos. «¿Lo ven? He conseguido que Dios me haga caso. ¿Se dan cuenta? Es porque he orado en voz tan alta, por lo mucho que oro, porque asisto a la iglesia».

Pero Jesús no se detuvo por esta razón aquel día. Lo hizo por su propia elección. Lo hizo porque es misericordioso y bueno. Porque conocía a Zaqueo por su nombre, como me conoce a mí o a ti.

Jesús le dijo a Zaqueo que se diera prisa, y nos indica lo mismo a nosotros: «¡Dense prisa, apéense de la religión! ¡Apúrense y bájense de las tradiciones! ¡Abandonen el intento de levantarse! Mi gracia es la única que los puede salvar. Desciendan y háganlo ahora mismo. No desperdicien otro momento, otro día, confiando en ustedes mismos. Es necesario que yo esté hoy con ustedes».

Mientras Zaqueo hablaba, seguramente Jesús sonreiría para sus adentros. Pero, ahora, hace un anuncio. «Hoy ha venido la salvación a esta casa; por cuanto él también es hijo de Abraham», es decir, un verdadero judío.

Zaqueo está asombrado. Es la quintaesencia del traidor, del tipo malo, la antítesis de un buen judío. Hasta donde se remonta en sus recuerdos, siempre ha estado fuera y mirando hacia dentro. ¿Ahora está dentro? ¿Ahora es un buen tipo?

Me gustaría haber podido ver la mirada en el rostro de sus amigos. *Si hay esperanza para Zaqueo, ¡también la debe haber para mí!*

A continuación, Jesús resumió la misión de su vida: «Estoy

aquí para buscar y salvar lo que se había perdido. Por eso he venido».

Los fariseos pensaban que el Mesías solo vendría por unos pocos escogidos, por un grupito de santificados, por los religiosos. Pero Jesús repitió una y otra vez que había venido por los quebrantados, los malos, los adictos, los esclavos, los engañados, los perdidos, los que sufren.

A veces nos parecemos mucho a Zaqueo. Llevamos mucho tiempo metidos en este asunto del pecado. Tenemos problemas, debilidades y tendencia a hacer lo malo. Toda esta cuestión nos ha producido cicatrices y nos ha entumecido, tal vez nos haya hecho absolutamente cínicos. Estamos indefensos, sin esperanza. Pensamos: *Ni Jesús conseguiría liberarme.* Después de todo, lo hemos intentado con todas nuestras fuerzas y nada ha cambiado. Él no vería nada en nosotros digno de ser salvado.

Quizá se trate de un pecado secreto: una aventura de hace ocho años de la que ni siquiera tu esposa está al tanto. Tal vez sea algo que controla tu vida como el alcoholismo o cualquier otra adicción. La gente te ha dicho que nunca cambiarás, y estás empezando a creértelo.

Jesús no es tu acusador. No es tu fiscal. No es tu juez. Es tu amigo y tu rescatador. Como hizo Zaqueo, pasa un tiempo con él. No te escondas de él por vergüenza ni lo rechaces por santurronería. No permitas que las opiniones de los demás moldeen el concepto que tienes de él. Conócelo por ti mismo, y deja que la bondad de Dios te cambie desde el interior.

DOS

El lado oscuro

Zaqueo no fue el único recaudador de impuestos de este mundo al que Jesús conmovió. También tenemos el caso de Mateo. Fue uno de los discípulos de Jesús, y el libro que escribió describe muchos acontecimientos clave en los más de tres años que duró su ministerio.

El primer encuentro de Mateo con Jesús revela que, en lo que respecta a los pecadores, Dios tiene dos categorías. Solo dos. Mateo 9.9-13 declara:

Pasando Jesús de allí, vio a un hombre llamado Mateo, que estaba sentado al banco de los tributos públicos, y le dijo: Sígueme. Y se levantó y le siguió.

Y aconteció que estando él sentado a la mesa en la casa, he aquí que muchos publicanos y pecadores, que habían venido, se sentaron juntamente a la mesa con Jesús y sus discípulos. Cuando vieron esto los fariseos, dijeron a los discípulos: ¿Por qué come vuestro Maestro con los publicanos y pecadores?

Al oír esto Jesús, les dijo: Los sanos no tienen necesidad de médico, sino los enfermos. Id, pues, y aprended lo que significa: Misericordia quiero, y no sacrificio. Porque no he venido a llamar a justos, sino a pecadores, al arrepentimiento.

Dos tipos de pecadores

Mateo, al igual que Zaqueo, era recaudador de impuestos. Dondequiera que iba lo odiaban, le temían y lo rechazaban. Hasta que conoció a Jesús. Nunca olvidaría la inexplicable disposición de este hombre a ignorar su ocupación y ver en él tan solo a una persona.

En la conversación de Jesús con Mateo se engloba a toda la humanidad en dos grupos: los que *piensan* que son justos y aquellos que se *saben* pecadores.

Eso es todo. No hay escala variable ni curva granulométrica, ni existe la bondad relativa ni las etiquetas subjetivas. O fingimos no necesitarlo o reconocemos que sí.

El denominador común es que todos necesitamos ayuda. El truco está en que no todos lo admitimos. En lugar de darnos cuenta de que todos estamos juntos en esto, que todos tenemos necesidad de ayuda, solemos reforzar nuestra autoestima considerando a aquellos que, supuestamente, hacen cosas peores que nosotros.

Es preciso que abandonemos nuestra escala y que adoptemos la de Dios, porque nuestras etiquetas equivocadas nos impiden la interacción correcta con las personas. Suponemos que sabemos en qué punto del baremo se encuentran, y pretendemos saber si están preparados o no para escuchar hablar de Jesús y entregar su vida a Dios.

En realidad, para muchos, el mayor estorbo para recibir la gracia de Dios no radica en sus pecados escandalosos, sino en sus buenas obras vacías.

Es evidente que algunos tienen problemas. Pero, para el hombre que vive en su casa de dos pisos, en una tranquila calle cerrada, que mantiene su césped bien cortado, sus autos relucientes, es fiel a su esposa, trabaja duro en lo suyo, paga sus facturas y nunca engaña en sus impuestos, para este ciudadano modelo no resulta tan obvio. Podría comparar su bondad con la maldad de otros y pensar: *Moralmente, soy una persona íntegra. Lo estoy haciendo bastante bien. No necesito ayuda.*

Nuestro superficial sistema de etiquetado también garantiza que nunca encontraremos la libertad por nosotros mismos. Se necesita valor y humildad para reconocer que nuestra vida es tan desordenada como la del drogadicto que vive en la puerta de al lado, y muchos de nosotros no llegamos a ser tan sinceros con nosotros mismos. Si no logramos esta franqueza en lo que a nosotros se refiere, tampoco la tendremos para con Dios. Seguiremos blanqueando nuestros lados oscuros y haremos ostentación de nuestras buenas obras, y nada cambiará jamás.

«Hola. Te odio»

Jesús era amigo de pecadores como Zaqueo y Mateo; los fariseos, en especial, no podían asimilar algo así. Eran los líderes espirituales de la época. Estaban especializados en la ley religiosa judía, un conjunto de cientos de normas fabricadas por el hombre que intentaba aplicar los Diez Mandamientos a la vida cotidiana. Tenían reglas para todo, desde lavarse las manos hasta las cargas que ataban a los camellos.

Cuando encontramos a los fariseos en la Biblia, suelen estar haciendo una sola cosa: señalar a los pecadores. Condenar a las personas formaba parte de su rutina diaria. Habían convertido en su carrera el ridiculizar a las almas rotas. Era el trabajo de mayor seguridad.

Los fariseos eran celosos de la ley. Imponían el juicio sin misericordia, el castigo sin amor, la crítica sin entendimiento.

En nombre de su aborrecimiento del pecado, acababan por odiar a los pecadores.

Y lo peor de todo era, quizá, que concluían que toda su indiferencia de los transgresores era lo que los hacía santos. La vara de medir de su propia bondad era la maldad de aquellos a los que rechazaban.

Por esta razón, a los líderes religiosos judíos les costaba entender a Jesús. Esperaban a un Mesías, un Salvador, y suponían que sería como ellos. Vestiría túnicas distinguidas y se apartaría de la gente despreciable. Recorrería las calles con la cabeza muy alta y esperaría que todos se apartaran de su camino haciéndole una reverencia. Suponían que Dios vendría y que sería exactamente como ellos.

Se equivocaban.

Jesús explicó que había que buscar a los pecadores y hacerse amigo de ellos. A él no le preocupaba su reputación. No estaba intentando promocionar su imagen rebajando a otros.

Era Dios y era perfecto; con todo, por sus acciones declaró que no condenaba al peor de los pecadores.

Irónicamente, las palabras más duras de Jesús iban dirigidas a los beatos fariseos. Él podía ver a través de su seudoespiritualidad. Les llamaba la atención en público y ellos lo odiaban por ello. En última instancia, fueron los líderes religiosos quienes exigieron su crucifixión y quienes agitaron a las multitudes hasta que los gobernantes romanos se vieron obligados a llevar a cabo sus deseos.

No fueron pecadores infames quienes mataron a Jesús. Fueron los religiosos.

El fariseo en mi cabeza

Antes de enfurecernos demasiado contra los fariseos, sin embargo, debemos tomar conciencia de que dentro de nosotros hay uno de ellos intentando salir. Me ha ocurrido a mí. Tan pronto como domino una mala costumbre, me convierto en el mayor crítico de cualquiera que siga teniendo el hábito que yo acabo de abandonar.

En mi opinión, la justa indignación aparece con mucha más facilidad que la humildad y la compasión. Castigar mentalmente las malas acciones de los demás resulta más cómodo que tratar con las mías propias.

Enseguida reconocemos que *esa* persona tiene problemas. Pero piensa por un momento: es muy probable que esas personas impías no se consideren malas. Si empiezan a sentir remordimientos, se limitarán a mirar un poco más abajo en la cadena alimentaria de la santidad, hallarán a alguien mucho peor, y seguirán justificándose.

Debo preguntarme ahora, pues, ¿en qué me baso para suponer que me hallo en la cima de esa cadena? Y, a renglón seguido, ¿quién me mira a mí y usa mis errores para reforzar su autoestima? Solo con pensarlo me pongo a la defensiva, pero es una pregunta justa.

Lo que yo hago es lo siguiente: maquillo leyes y normas para adecuarlas a mi estilo de vida, y, después, te juzgo a ti por ellas. Si sigues mis reglas, eres una buena persona. Si las quebrantas, eres malo. Si tus normas son más estrictas que las mías, eres un mojigato que necesitas tomártelo con calma.

¡Es tan conveniente! ¡Y tan equivocado!

Si tu definición de *pecado* es «hacer cosas malas», todos estamos de acuerdo en que el pecado existe. Las personas hacen cosas malas. Aunque mi definición de *malo* difiera un poco de la de otras personas, seguimos estando de acuerdo en que la violación es algo incorrecto. El genocidio es malo. La discriminación racial es abominable.

El problema es que no nos gusta incluirnos en la misma categoría que los violadores y los asesinos. Ellos pecan. Nosotros solo metemos la pata.

Cuando se nos confronta con nuestra maldad, hacemos lo mismo que vemos en *National Geographic*: pugna o fuga, *fight* o *flight*. Nos volvemos insolentes, señalamos con el dedo y nombramos a otras personas. O nos escondemos tras reflexiones filosóficas del bien y del mal, y hablamos con elocuencia sobre el amor y la tolerancia, y cómo estas cosas harían que desapareciera todo lo malo del mundo. Es una cortina de humo, un mecanismo de defensa para desviar la atención de los enormes vacíos de nuestra santidad.

No pretendo insultar a nadie. Es que la libertad comienza por la sinceridad. No nos hacemos ningún favor definiéndonos como buenos y tachando a los demás de malos. Pongámonos sencillamente de acuerdo en que todos necesitamos ayuda y que estamos juntos en esto.

Las buenas noticias son que Jesús vino a revelar a un Dios que no nos define por nuestros actos, sino por su amor.

Entonces, ¿por qué vuelvo a la ley, las reglas y las normas cuando contemplo a personas a las que se considera pecadores de mala reputación? ¿Esos cuyas sórdidas payasadas son carne de cañón en los debates televisivos, o los que se venden para el sexo en las calles de Seattle cada noche, o los que roban, matan y violan?

Se me ocurre una razón, aunque preferiría no admitirla: mis reglas me distancian de las personas malas.

Si me separo de los pecadores, no tengo que tratar con su dolor. No me veo obligado a ponerme en su lugar, a amarlos o a dejar que mi corazón se rompa con el suyo. No hay necesidad de que me ensucie las manos ayudándoles a recomponer su vida hecha pedazos. Puedo justificar la grosería y la indiferencia cuando mi corazón debería sangrar de compasión. Me permito ignorar que, de no ser por la gracia de Dios, yo estaría comportándome exactamente del mismo modo que ellos.

Dale una vuelta más de tuerca. Si me separo de los pecadores, me puedo dar el lujo de celebrar su castigo. Cuando les llegan las consecuencias que se han buscado, siento una sádica sensación de placer. Después de todo, se lo han merecido.

No me malinterpretes. No estoy argumentando a favor de la abolición del juicio en la sociedad, sino tan solo del «juzgamentalismo», de permitirme juzgar a los demás.

Si me aparto de los pecadores, no arriesgo mi propia reputación. Sigo siendo miembro de renombre del club «más-santo-que-tú», donde nos sentamos en corro y nos felicitamos unos a otros por parecer mucho mejor que cualquier otro, a la vez que concordamos en que el mundo va derechito al infierno (en inglés se utiliza la expresión ir al infierno en una cesta, sea lo que sea esta) y nos quejamos de que el gobierno no lo está haciendo demasiado bien y que podríamos mejorarlo si alguien se molestara en preguntarnos.

Lo más significativo es que, si me separo de los malos, me siento mejor conmigo mismo. Y es que, en comparación con ellos, yo lo estoy haciendo bastante bien.

De nuevo, te ruego que no me malentiendas. No creo que las reglas sean horribles. Lo que puede resultar espantoso es nuestra forma de utilizarlas. Yo tengo normas para mis hijos que son para protegerlos. Nuestra sociedad tiene preceptos para nuestro propio beneficio. Estoy absolutamente a favor de la autoridad, el orden, la justicia y la estructura.

Solo tenemos que recordar que las reglas no son una prueba de nuestra espiritualidad. En todo caso, lo serían de nuestra pecaminosidad, un recordatorio de la tendencia que tenemos hacia una mala conducta y de nuestra necesidad de ayuda.

Los fariseos estaban tan obsesionados con cumplir y hacer cumplir las minucias de la ley que perdían de vista su objetivo: amar a Dios y a los demás. Pensaban que sus sacrificios complacían a Dios, mientras que la pecaminosidad de todos los demás lo enfurecía. Jesús les mostró que no podían estar más lejos de la verdad. El pecado de las personas suscitaba la compasión de Dios, no su ira. Y los sacrificios de quienes eran justos en su propia opinión significaban bien poco para Dios, porque su corazón estaba en realidad muy lejos de él.

A Jesús le obsesionaba demostrar misericordia hacia quien menos la merecía. Su pasión consistía en dar esperanza a los que no tenían ninguna. Su compromiso era mostrar gracia al peor de los pecadores. Y, si quiero ser sincero, esto me incluye a mí.

En lo más profundo de mi ser, soy dolorosamente consciente de que sigo lidiando con pensamientos incorrectos. Todavía me impaciento con mis hijos y trato a mi esposa de forma brusca. Continúo tomando decisiones que se dejan llevar por mi ego y por el mal, en lugar del amor. Si soy mejor o peor que tú es lo que menos importa. Lo que de veras tiene relevancia es que reconozco mi necesidad de Jesús.

En vez de rechazar a las personas, guiado por una falsa sensación de superioridad, en vez de juzgar y condenar a aquellos cuya vida no alcanza mi baremo de santidad, es preciso que recuerde que sigo necesitando con urgencia la gracia de Jesús.

Él se hacía amigo de los peores pecadores, y, por tanto, es mi amigo.

TRES

Amigo de pecadores

Jesús visitó la casa de Zaqueo y se convirtió en el invitado de un famoso pecador. Fue a casa de Mateo y cenó con muchos recaudadores de impuestos y otros pecadores de mala reputación.

A plena vista de todos, se juntó con lo que hoy equivaldría a proxenetas, prostitutas y drogadictos. En la cultura de la época, comer con alguien implicaba identificarse con él. Jesús se relacionó con gente que todo judío respetable evitaba. Eran el blanco de todas las bromas y el objetivo de las sonrisas de superioridad. Ninguna persona que se respetara a sí misma se arriesgaría a hacerse amiga de ellas, por temor a que también se les culpara por asociación.

Según los baremos de todos, Jesús era un hombre bueno. Por tanto, no tenía sentido que se hiciese amigo de gente mala. Predicarles, reprenderlos, criticarlos, burlarse de ellos era algo que se esperaba. Incluso que se les aplaudiría. ¿Pero sentarse alrededor de una mesa, contar chistes y disfrutar juntos? Era chocante. Era carnaza sensacionalista.

Pero a Jesús poco le importaba el escándalo. A él quienes le preocupaban eran los escandalosos.

Le gustaba pasar tiempo con los pecadores. Era Dios y era perfecto, pero pasó gran parte de los tres años y medio de su ministerio juntándose con malas personas. Hablaba con ellas, comía con ellas, lloraba con ellas, y las servía. Para él, no eran un mero proyecto de caridad. Le importaban y los escuchaba. Les ofrecía esperanza y compasión incondicionales.

«Los sanos no tienen necesidad de médico —declaró Jesús—, sino los enfermos». Por esta razón pasaba su tiempo con los necesitados, los desvalidos y los depravados. Se rebajaba a su nivel, porque ellos jamás podrían subir hasta el suyo. No se dedicaba a demostrar lo bueno que él era o lo malo que eran ellos. Solo quería ofrecerles esperanza.

Jesús no solo es un amigo de pecadores: es el *único* amigo de los transgresores. Es el amigo de las personas que están dispuestas a admitir que tienen problemas. Si entendemos que tenemos cuestiones con las que no podemos, asuntos que no somos capaces de vencer, Jesús está cerca de nosotros.

No tienes que ser bueno, para ser amigo de Jesús. Solo has de ser sincero.

¿Dónde están los que te acusaban?

Para muchos de nosotros, la opinión por defecto que tenemos de Dios consiste en que es una divinidad enfadada y vengativa, que solo busca una excusa para castigarnos. Haríamos mejor en describirlo como Jesús, porque así es exactamente como es. Dijo que había venido para mostrarnos al Padre. En otras palabras, él era su modelo para nosotros. Sus palabras, actos, perspectivas y prioridades eran idénticas a las de Dios. Si Jesús ama a los malos, significa que Dios también los ama. Si Jesús es el amigo de los pecadores, Dios también.

Hemos de entender algo sobre Dios: a él, el pecado no lo intimida como a nosotros. Por lo general, cuando alguien habla sobre lo que ha hecho mal, nosotros reaccionamos así: «¿Qué tú has hecho qué? ¿Con quién? ¡Oh Dios mío! ¿Y luego qué? ¿Cómo? ¡Dios mío, ten piedad!».

En Juan 8 tenemos una historia donde un grupo de vigilantes religiosos arrastraron a una mujer, probablemente una prostituta, y la pusieron delante de Jesús. Ante él y la multitud que se apretaba a su alrededor, presumieron de haberla pillado en el acto del pecado sexual. Entonces le preguntaron a Jesús qué debían hacer con ella. Esperaban que pronunciara juicio sobre ella. Después de todo, la ley religiosa exigía que fuera apedreada hasta la muerte por su pecado.

Pero Jesús no tiró ninguna piedra. No emitió un grito ahogado de santo horror. No se ruborizó ni vociferó. En lugar de esto, miró a través de su pecado y la vio a ella, y su corazón se conmovió de compasión. Luego, se volvió a sus acusadores: «El que de vosotros esté sin pecado sea el primero en arrojar la piedra contra ella».

Bueno, dicho de este modo...

Avergonzados, los acusadores de la mujer se marcharon sigilosamente uno tras otro, empezando por los más viejos. Es curioso cómo la edad tiene una forma de suavizar la arrogancia.

Jesús volvió a mirar a la mujer. «¿Dónde están los que te acusaban? ¿Ninguno te acusó?».

«No, Señor», respondió ella.

Y Jesús le dijo: «Ni yo te condeno. Vete y no peques más».

Llevo mucho tiempo en la iglesia, así que estoy seguro de haber leído esta historia docenas de veces. Pero hasta hace poco no la he asimilado de verdad. Tal vez sea porque, como los acusadores de esta mujer, soy un poco más mayor ahora, y soy consciente de que, después de todo, no soy tan buena persona. Me puedo imaginar en su lugar: atrapado por un sórdido pasado, terriblemente solo, indefenso ante una multitud de jueces burlones que tienen mi vida en sus manos. Y, entonces, cuando toda esperanza está perdida, aquel que de verdad tiene derecho a condenarme me mira. En sus ojos leo algo totalmente inesperado.

Compasión.

Empatía.

Esperanza..

Con frecuencia solemos ser unos jueces más duros que Dios mismo. El mal en los demás suscita nuestro enojo justo, y vestimos nuestra toga y hacemos repiquetear nuestro martillo, sin tomarnos ni siquiera el tiempo de escuchar sus historias. Condenamos a las personas a una sentencia de por vida, sin palabra, mientras Dios dice en el cielo: «¡Hey, espera! Yo amo a ese hombre. Hay esperanza para esa mujer. Pueden ser salvos».

¿Puede salvarse un violador? ¿Un pedófilo? ¿Un traficante de personas? ¿Un asesino en serie? ¿Un capo de la droga? Y, aun siendo esto posible, ¿deberían ser salvados? Lo que nos parece es que hay que servir a la justicia.

Si esto es así, todos estamos en problemas, porque todos hemos pecado. Tal vez no hayamos ordenado la muerte de millares, por ser de una etnia distinta, no hemos violado a nadie, no hemos matado, pero todos somos pecadores. De un modo u otro nos hemos rebelado contra Dios.

Que Jesús sea el amigo de los pecadores es una buena noticia para mí. Es posible que mis transgresiones no sean tan evidentes, pero son igual de reales. Si yo hubiera nacido en circunstancias distintas, no me atrevo a pensar quién sería, qué habría hecho, a quién habría hecho daño.

El enemigo no es mala persona: es la maldad misma. Y dado que todos tenemos cierta medida de malevolencia, ¿quiénes somos nosotros para lanzar la primera piedra? En lo referente al pecado, el único que tiene derecho de condenar a otros es Jesús. Y se negó a hacerlo.

Además de descartar a la gente mala, nos eliminamos también a nosotros mismos con demasiada rapidez. Pasamos de un lado del péndulo, el de la santurronería (*¡Ese indecente pecador merece ir al infierno!*) al de la autocondena (*¡Soy un sucio pecador que merece ir al infierno!*). Ambos extremos se producen porque nos centrarnos en nuestras reglas y no en nuestra relación con Jesús.

A continuación enumero las distintas fases de este viaje para entender a Jesús, según las he experimentado yo. Cada una de ellas corresponde a un momento *¡Ajá!* (o uno de *¡Vaya, hombre!*), en el que me di cuenta de que vivía basándome en falsas suposiciones del bien y del mal.

Fase 1. Soy una buena persona, y tengo razón al criticar a los malos.

Fase 2. Soy una buena persona, pero debería mostrar compasión a los malos.

Fase 3.   Soy un pecador que necesita tanta ayuda como cualquier otro.

Fase 4.   Jesús me ama tal como soy, y ocurre lo mismo con todas las demás personas.

Me veo obligado a recordar una y otra vez que tengo que vivir en la fase cuatro, porque tengo tendencia a ir hacia atrás sin ni siquiera darme cuenta.

Si Jesús pudiera decirte una sola cosa en este preciso instante, ¿cuál sería? Por mi experiencia diría que la mayoría de las personas esperarían corrección o reprensión. Pensamos que si Jesús tuviera una sola oportunidad de enmendarnos, la utilizaría para señalar dónde lo estamos haciendo peor.

«Tienes que dejar de perder los nervios con tus hijos».

«Vamos inténtalo con más fuerza. Empléate más a fondo. Apechuga y sé fuerte. Deja de lloriquear».

«¿Has vuelto a ver pornografía? ¿En qué estabas pensando? Recompón tu vida... ¡o vas a ver!».

Creo que si Jesús tuviera una sola oportunidad de enmendarnos, nos diría cuánto nos ama. Es lo que Zaqueo experimentó. Y Mateo. Y la mujer sorprendida en acto de adulterio. Y un sinfín de otros pecadores con mala reputación.

Jesús nos ama ahora mismo, tal como somos. No está de pie en la distancia, gritándonos que trepemos y salgamos de nuestro hoyo y nos limpiemos para que seamos dignos de él. Se abre camino, metiéndose hasta la cintura en la porquería de la vida, llorando con el quebrantado, rescatando al perdido y sanando al enfermo.

No me malinterpretes; ¡por supuesto que el pecado es malo! Nos hace daño a nosotros mismos y daña a otros. Pero la Biblia es clara: vamos a pecar. Más tarde o más temprano, la fuerza de voluntad, la educación y las buenas maneras no serán suficientes. Vamos a meter la pata. Por tanto, si nuestra esperanza está en la pura fortaleza moral estaremos —por decirlo de un modo científico— fritos.

Jesús ve nuestro pecado con más claridad que nadie; con todo, nos ama más que nadie. No nos va a eliminar, porque tuviéramos un aborto, por ser un adicto a las recetas médicas o por mirar a gente desnuda online. Sí, es verdad que el pecado lo entristece. Nos destruye y él odia verlo. Pero nuestra maldad no cambia ni por un solo instante el amor abrumador de Dios por nosotros. En todo caso, hace que se sienta más decidido a rescatarnos. Jamás tirará la toalla en lo que nos concierne, por mucho que escapemos de él.

Ningún pecador es irreparable o irredimible. No hay pecado tan grande que la sangre de Cristo no pueda cubrir. Su amor es tan profundo y tan amplio que puede, en un momento de fe nuestro, perdonar nuestros pecados pasados, presentes y futuros. Simplemente, el pecado no es un problema para Dios.

Como pastor, no quiero gente en mi iglesia que esconda sus hábitos con la heroína tras un traje Hugo Boss, maquillaje o sonrisas que son como la cosmética, para que su desgracia no se note. Si los pecadores no son bienvenidos en mi iglesia, más vale que me busque otra, porque yo también soy un pecador. Y soy el peor de todos, porque tengo más conocimiento.

La iglesia es el lugar donde se reúne un puñado de personas que se dan cuenta de su necesidad de juntarse para amar a Jesús y de alentarse los unos a los otros. Entonces, algo ocurre: empezamos a cambiar. Dios nos transforma obrando en los distintos ámbitos de nuestra vida, uno tras otro. Apenas sabemos cómo sucede, pero un día miramos a nuestro alrededor y vemos que nuestro matrimonio está funcionando. Nos gustan nuestros hijos y advertimos que es recíproco. Somos más amables con las personas y nos enfurecemos menos a menudo. Y no podemos atribuirnos el mérito de la transformación, porque solo se debe a que nos hemos enamorado de Jesús. Dios se encargó de la parte más difícil.

Jesús le dijo a la mujer acusada de fornicación: «Vete y no peques más». No fue una amenaza, sino una declaración de libertad. A él no le interesaba condenar su pasado. Quería rescatar su futuro. Sabía que ella no quería pecar. ¿Quién comienza su vida teniendo por meta ser una prostituta, una estrella del porno o un pervertido? Son las situaciones difíciles y las elecciones incorrectas las que conspiran para atraparnos en la desesperación. Jesús vino a romper el ciclo del pecado y de la condenación y a devolvernos nuestro futuro.

El eslogan de la familia Smith

Un pastor amigo mío me preguntó en una ocasión:

—Judah, ¿conoces a algún proxeneta?

—Hmm... no—. Me sentía un tanto confuso por los derroteros de la conversación.

—¿Conoces a algún traficante de drogas?

—No.

—¿Algún adicto al crack?

—No, no lo creo.

—¿Alguna bailarina exótica?

—¡No!

—¿Y qué me dices de las prostitutas?

—¡Por supuesto que no!—exclamé, y estaba empezando a indignarme ya; sentía como si estuviera intentando acusarme de algo. Una mirada triste ensombreció su rostro.

—Yo tampoco —reconoció—. Creo que esto es parte del problema.

Seguro que habré conocido a algunos proxenetas, camellos o prostitutas, pero no podía saberlo, porque jamás me había tomado el tiempo de averiguarlo. Tenía numerosos buenos amigos, buena gente que compartía mis valores y mis creencias, que iban en la misma dirección moral que yo. Y, como pastor, dedicaba gran parte de mi tarea semanal a prepar los cultos, a predicar a los miembros de la iglesia y a sentarme en las reuniones de la junta eclesial.

Según la definición de Jesús, todos aquellos por los que yo me preocupaba encajaban en la categoría de los «sanos». Y yo me sentía cómodo con esto. Estaba dispuesto a ser amable con los enfermos... pero no a ser su amigo.

Desde aquella conversación, he decidido abrir mi corazón a las personas cuya vida es moralmente distinta a la mía. No para compadecerme de ellas, reprenderlas, convertirlas en un proyecto o transformarlas en un trofeo de mi evangelización, sino tan solo para poder ser su amigo.

Jesús vino a buscar y a salvar a los que están perdidos. Es lo que le explicó a Zaqueo. Su pasión consistía en buscar a los perdidos, las almas solitarias y traerlos al hogar, a Dios. No los veía como interrupciones. No esperó a que deambularan por las puertas de su iglesia y entraran a su estudio pastoral. Salió a la sociedad y los buscó. Se invitaba él mismo a sus casas a comer, y no tenía prisa por marcharse.

Su deseo de estar con los pecadores me asombra, pero aún más sorprendente es que los pecadores deseaban estar con él. Lo típico es que a la gente verdaderamente mala no le guste andar con los que son realmente buenos, y a la inversa. Por esta razón, los pecadores evitaban a los fariseos, y estos los desdeñaban. Los fariseos insistían en que el pueblo cumpliera un estricto código de conducta antes de poder pertenecer a la multitud «interna», antes de poder ser aceptados como judíos genuinos. Desde la superioridad del púlpito predicaban al pueblo nobles ideales e imponían normas de conducta que ellos mismos eran incapaces de cumplir. Marginaban a aquellos que más necesitaban su ayuda.

Jesús era distinto. No hacía la vista gorda al pecado, pero tampoco descartaba a los pecadores. Ofrecía fe, esperanza y amor. La Biblia nos muestra que, por esta razón, una y otra vez, lo más granado de los pecadores se sentaban a la mesa con Jesús; ¡sencillamente escalofriante! Pasaban horas escuchándolo, haciéndole preguntas, riendo y llorando. Quedaban cautivados por su compasión y fascinados por sus explicaciones prácticas de cómo vivir. Jesús los dejaba *pertenecer* mucho antes de *creer* o de *comportarse*. Les ofrecía libertad de los problemas, de los escollos y de los complejos que plagaban su vida.

Me queda mucho camino por recorrer para relacionarme con las personas de la forma tan natural y eficaz en que Jesús lo hacía, pero es una de mis metas. Estoy aprendiendo a escuchar más, a formular mejores preguntas, a reír sin reparos y a ofrecer menos consejos.

Mi hijo Zion está en primer grado. Todos los días, cuando lo dejo en la escuela, le repito lo mismo: «Zion, recuerda que somos Smith. ¿Y eso qué quiere decir?».

A continuación, repetimos juntos este lema: «Somos amables, alentadores, y buscamos a los que están solos».

Muchas veces pone los ojos en blanco, como diciendo *Venga, papá, date prisa que voy a llegar tarde*. Eso le viene de su madre; en mi escala de valores, la puntualidad no ocupa un lugar muy alto. No así las personas. Están en la parte más alta, y quiero inculcárselo a mis hijos a lo largo de su vida.

Soy consciente de que no me toca a mí convencer a los demás de que están equivocados y que yo estoy en lo correcto. No es tarea mía cambiarlos. De cualquier modo, sería un planteamiento bastante arrogante. Cuando me considero un amigo en lugar de un juez o un maestro de escuela, la relación fluye con mucha más naturalidad.

A veces somos absolutamente groseros cuando interactuamos con las personas. Conocemos a un gay o una pareja que convive sin estar casada, y pensamos que tenemos la obligación y el derecho de advertirles, en nuestro primer encuentro, sobre lo que Dios piensa con respecto a su sexualidad. Como si su vida sexual fuera lo primero en el programa de Dios..

No es así.

Lo primero es el amor, la gracia, la misericordia, todo lo que *Jesús es*.

Seré sincero: a mí me fastidiaría un montón que alguien que apenas conozco anduviera fisgoneando en mi vida personal. Y eso que soy pastor, y se supone que debo ser comprensivo, compasivo y humilde. Pero le diría a esa persona que se metiera en sus propios asuntos, que estoy muy bien así y que muchas gracias. A continuación, lo descartaría por chiflado y lo evitaría como a un chequeo de próstata.

Repito que no estoy diciendo que el pecado no importe,

sobre todo si estamos tratando con alguien que pudiera perjudicar a otros. Pero cuando el pecado se vuelve más importante que el pecador, debería sonar una alarma en nuestra cabeza.

En la verdadera amistad no hay atajos. Las relaciones son conflictivas e impredecibles. No podemos simular amor solo para conseguir que alguien venga a la iglesia. Eso es manipulación e hipocresía, y más tarde o más temprano resultará contraproducente.

Dios nos muestra lo que es el verdadero amor en Juan 3.16, probablemente el versículo más famoso de toda la Biblia: «Porque de tal manera amo Dios al mundo que ha dado a su Hijo unigénito, para que todo aquel que en él cree, no se pierda, mas tenga vida eterna».

De tal manera amó Dios al mundo. Amó al mundo en su totalidad; no solo a la parte buena, la que ya le amaba a él, o a aquella con la que tenía la reciprocidad asegurada. Es necesario que expandamos nuestro corazón, nuestro elemento, nuestro ámbito de amigos.

Ha dado a su Hijo unigénito. Estaba dispuesto a hacer verdaderos sacrificios para construir relaciones genuinas. Algunas veces es necesario que dejemos de lado proyectos y programas por amor a las personas. Es preciso que, como Jesús, nosotros también seamos interrumpibles.

Todo aquel. Mostró un amor y una aceptación incondicionales. El amor conlleva riesgo. Nos pueden rechazar. Aquellos a los que intentamos ayudar nos pueden crucificar. Pero, en última instancia, el amor prevalecerá.

Los pecadores de Seattle

Mi deseo para mí mismo y para mi iglesia es que veamos a los pecadores de Seattle como Dios los ve. O, mejor dicho, como Dios *nos* ve. Que no señalemos con el dedo a las personas ni las condenemos, ni intentemos enmendarlas o salvarlas (como si pudiéramos), sino que nos limitemos a amarlas.

Ya se encarga la sociedad de condenarlos. Sus propios pensamientos, su culpa y su vergüenza los atormenta. Lo que de verdad necesitan son amigos que puedan mostrarles quién es Jesús.

Él entendía lo que los perdidos necesitaban; dondequiera que iba, las multitudes lo buscaban. Estoy convencido de que si nosotros fuéramos en Seattle como era Jesús, esta ciudad se enamoraría de él. Cuando la gente llega a ver a Jesús tal como él es en realidad, se da cuenta de que es casi irresistible.

Las personas están más cerca de Dios de lo que imaginamos, y él está más próximo a ellos. Esto nos lleva de vuelta al tema de la evaluación. Suponemos que ciertas personas están lejos de Dios cuando, en realidad, podrían estar más cerca de la salvación que otros que creemos próximos a Dios. Por lo menos, el pecador en serie es consciente: *¡Estoy fastidiado! Necesito ayuda.*

Por haber crecido en la iglesia, de algún modo desarrollé esta disposición a pensar que la gente es realmente obstinada con respecto a Jesús el Salvador y que no quiere tener nada que ver con él. Después de todo, imaginaba yo, la mayoría piensa que el pecado es divertido y que Dios es un aburrimiento.

En realidad, a la mayoría de las personas de nuestra ciudad les gustaría conocer al Jesús que conocemos. Lo único que han visto es un Jesús que, desde el techo de las catedrales, lanza miradas fulminantes o cuelga ensangrentado de una cruz. Han oído decir que era un buen hombre, un buen maestro religioso, ¿pero saben, acaso, que es el amigo de los pecadores? ¿Saben que no está furioso con ellos? ¿Qué vivió en la tierra y entiende todo aquello por lo que pasamos? ¿Saben que está aquí para ayudar?

¿Cuándo preguntamos por última vez a alguien: «Oye, ¿puedo orar por ti?». En la mayor parte de los casos, hasta la gente de mi ciudad —una de las regiones con menos iglesias de los Estados Unidos— acepta la oración con agradecimiento.

Hace tiempo que muchos de ellos han comprendido que el pecado está sobrevalorado. Desearían poder hacer las cosas mejor, ser menos egoístas, vencer la tentación sexual, controlar su carácter.

¿Te suena familiar esta lucha? Debería. ¿Te relacionas con ella? Apuesto que sí. Y es que, seamos «buenas» personas o «malas», hayamos conocido a Jesús desde hace décadas o estemos pensando en él por primera vez, seamos pastores o prostitutas, todos lo necesitamos. Estamos todos sentados a la mesa, rodeados por otros pecadores, escuchando a Jesús.

Jesús es el amigo de los pecadores y, por tanto, es nuestro amigo.

JESÚS ES gracia.

CUATRO

Acepta la gracia

Soy un «abrazador». Me gusta abrazar. Cuando iba creciendo, me enseñaron: *«hugs, not drugs»* [abrazos, no drogas]. Pero he observado que algunas personas no son propensas a los abrazos. No es culpa suya; es evidente que nunca aprendieron a devolver esas efusiones de afecto. Uno intenta darles un cálido apretujón de oso, y ellos se dan la vuelta para que rebotes en su cadera. O te abrazan por el mismo lado que tú y casi les das un beso en la boca. O se quedan tan tensos y rígidos que te parece estar abrazando a un maniquí de brazos robóticos. Estos son abrazos incómodos.

Recuerdo una ocasión en la que estaba en un complejo turístico con mi esposa, Chelsea, e intentábamos entrar al lugar donde estábamos acomodados, pero no teníamos las llaves. Fue en mitad de la noche, probablemente las doce y media más o menos. Un señor mayor salió y nos abrió. ¡Qué amable! Estaba durmiendo, estoy seguro; acudió en pijama y nos dejó entrar. Chelsea quería darle las gracias, de modo que fue a

darle un abrazo; de repente, él empezó a retorcerse y a sacu-
dirse como si tuviera un ataque de algo.

El caso típico. Ni idea de qué hacer con un abrazo.

Así es como solemos reaccionar cuando la gracia llega a
nosotros. Resulta incómodo. Dios nos ofrece algo demasiado
bueno para ser verdad —algo que no ganamos, inmerecido, el
perdón total— y nos quedamos ahí, de pie, tiesos y molestos,
esperando que el abrazo termine para poder volver a nuestro
negocio de conseguir nuestra entrada al cielo por nosotros
mismos.

Es necesario que abracemos la gracia. Hemos de aprender
a devolver el abrazo.

Ver la gracia

A la mayoría de las personas les resulta difícil definir la *gracia*; de abrazarla ya ni hablamos. Este vocablo se encuentra a lo
largo de toda la Biblia. De hecho, se podría decir que se trata del
concepto y del término bíblico más importantes. La gracia es el
fundamento del cristianismo y la esencia de la salvación. Como
tal probablemente deberíamos entenderla.

El Diccionario de la Real Academia de la Lengua tiene
unas catorce definiciones distintas para la gracia, incluidas
estas cuatro de las que, sin duda, has oído hablar antes:

• Cualidad o conjunto de cualidades que hacen agradable a
   la persona o cosa que las tiene («compórtate con gracia»)
• Don o favor («no pierdas su gracia»)
• Nombre o forma de dirigirse a alguien («Su Gracia»)

- Expresión de agradecimiento (por ejemplo en la mesa; «dar gracias por la cena»)

Sin embargo, la acepción primera del *Webster Dictionary* se acerca al significado bíblico de la gracia: «Favor divino no merecido concedido a los seres humanos para su regeneración o santificación».

Si eres como yo, se te habrán vidriado un poco los ojos al leer esto. Estoy seguro de que alguien más inteligente que yo se sintió bendecido solo con leerlo, pero yo necesito un ejemplo, una historia de la vida real, para que tenga sentido.

Una cosa que me encanta de Jesús es que hablaba en términos muy simples. No pontificaba teológicamente para impresionar a las personas. Contaba historias. Si estuviera hoy en la tierra, todos lo seguirían en Twitter y leerían su blog, por ser tan real. Era auténtico. Lo que decía tenía sentido. Iba derecho al meollo del asunto.

Mi historia favorita de entre las que Jesús contó es la que llamamos la «Parábola del hijo pródigo», que se encuentra en Lucas 15. *Parábola* es una palabra sofisticada que quiere decir historia ficticia con una moraleja, como las fábulas de Esopo. *Pródigo* significa «derrochador», pero la historia del hijo pródigo se ha convertido en algo tan conocido que el término puede describir a cualquiera que se convierta en un DESERTOR en cualquier ámbito de la vida y luego regrese.

El propósito de una parábola consiste en enseñar algo, de modo que para entender esta alegoría en concreto, debemos ver el contexto en el que se contó. En este caso, los religiosos estaban criticando, una vez más, a Jesús por ser amigo de los pecadores. Lucas 15 declara: «Se acercaban a Jesús todos los publicanos y pecadores para oírle, y los fariseos y los escribas murmuraban, diciendo: "Este a los pecadores recibe, y con ellos come. Entonces él les refirió esta parábola, diciendo...».

En realidad, Jesús relató tres historias, una detrás de otra. Las tres parábolas respondían a las quejas de estos individuos religiosos que, según yo imagino en mi cabeza, protestaban: «¿Por qué diantres tienes que ir al Red Robin y pedirte alitas de pollo con papas fritas con estas sospechosas sabandijas?».

La primera historia es sobre una oveja perdida. Jesús describe a un pastor que deja al resto del rebaño a salvo en el redil y va al desierto a buscar a la perdida. Cuando la encuentra, celebra una fiesta por haberla encontrado. Luego, Jesús da la moraleja de la historia: «Así habrá más gozo en el cielo por un pecador que se arrepiente, que por noventa y nueve justos que no necesitan de arrepentimiento».

La segunda historia es sobre una moneda perdida. De nuevo, Jesús describió la búsqueda desesperada de algo perdido y el profuso gozo que sigue una vez hallado. Acaba con estas palabras: «Así os digo que hay gozo delante de los ángeles de Dios por un pecador que se arrepiente».

Acotación: cuando los «malos» dan un vuelco a su vida, todos los «buenos» deberían unirse a la celebración que ocurre en el cielo. Por esta razón, creo que deberíamos sonreír en la iglesia, danzar, celebrar, reír y sobreponernos a nuestro serio «yo» y representar el gozo del cielo.

Otra acotación: He oído decir a algunos que la religión es aburrida, que vivir en pureza es una lata, y que prefieren ir al infierno, porque, al menos, podrán pasárselo bien con sus amigos. Lo siento, pero eso no es así. Desde luego, si alguien sabe cómo celebrar una fiesta por todo lo alto, única en su estilo, es

el Creador del universo, que inventó la diversión y el placer;
vamos, digo yo.

La historia final, la parábola del hijo pródigo, es la más
larga de las tres, pero merece la pena leerla aunque la hayas
oído antes.

Un hombre tenía dos hijos; y el menor de ellos dijo a su padre:
Padre, dame la parte de los bienes que me corresponde; y les
repartió los bienes.

No muchos días después, juntándolo todo el hijo menor,
se fue lejos a una provincia apartada; y allí desperdició
sus bienes viviendo perdidamente. Y cuando todo lo hubo
malgastado, vino una gran hambre en aquella provincia, y
comenzó a faltarle. Y fue y se arrimó a uno de los ciudada-
nos de aquella tierra, el cual le envió a su hacienda para que
apacentase cerdos. Y deseaba llenar su vientre de las alga-
rrobas que comían los cerdos, pero nadie le daba.

Y volviendo en sí, dijo: ¡Cuántos jornaleros en casa de
mi padre tienen abundancia de pan, y yo aquí perezco de
hambre! Me levantaré e iré a mi padre, y le diré: Padre, he
pecado contra el cielo y contra ti. Ya no soy digno de ser llamado tu hijo; hazme como a uno de tus jornaleros.

Y levantándose, vino a su padre. Y cuando aún estaba
lejos, lo vio su padre, y fue movido a misericordia, y corrió,
y se echó sobre su cuello, y le besó. Y el hijo le dijo: Padre, he
pecado contra el cielo y contra ti, y ya no soy digno de ser
llamado tu hijo.

Pero el padre dijo a sus siervos: Sacad el mejor vestido, y
vestidle; y poned un anillo en su mano, y calzado en sus pies.
Y traed el becerro gordo y matadlo, y comamos y hagamos

fiesta; porque este mi hijo muerto era, y ha revivido; se había perdido, y es hallado. Y comenzaron a regocijarse.

Y su hijo mayor estaba en el campo; y cuando vino, y llegó cerca de la casa, oyó la música y las danzas; y llamando a uno de los criados, le preguntó qué era aquello. Él le dijo: Tu hermano ha venido; y tu padre ha hecho matar el becerro gordo, por haberle recibido bueno y sano.

Entonces se enojó, y no quería entrar. Salió por tanto su padre, y le rogaba que entrase. Mas él, respondiendo, dijo al padre: He aquí, tantos años te sirvo, no habiéndote desobedecido jamás, y nunca me has dado ni un cabrito para gozarme con mis amigos. Pero cuando vino este tu hijo, que ha consumido tus bienes con rameras, has hecho matar para él el becerro gordo.

Él entonces le dijo: Hijo, tú siempre estás conmigo, y todas mis cosas son tuyas. Mas era necesario hacer fiesta y regocijarnos, porque este tu hermano era muerto, y ha revivido; se había perdido, y es hallado.

Tres historias. Tres cosas perdidas. Tres fiestas. Jesús quería a toda costa que estos santurrones entendieran algo: que Dios ama a los malos y se regocija cuando acuden a él.

Los fariseos no podían creer que Dios quisiera celebrar de verdad con los pecadores. ¿Castigarlos? Sí. ¿Hacerles pagar su maldad? Sin lugar a duda. ¿Pero celebrar una fiesta? ¿Qué? En su mente religiosa, centrada en las normas, no cabía tal nivel de gracia. No eran capaces de devolver el abrazo de la gracia.

He oído predicar la historia del hijo pródigo docenas de veces. Y, lo que es más, he predicado sobre ella en más de una ocasión. Nosotros los predicadores solemos centrarnos en lo tonto que fue el hijo y en lo terrible del pecado. Pero, en esta historia, el personaje central es el padre y no el hijo. El muchacho derrochó su dinero en un estilo de vida extravagante e irrefrenable. El padre restauró al hijo mediante una gracia extravagante e irrefrenable.

Vuelve a considerar las dos primeras historias. ¿Qué hizo la oveja para que la encontraran? Nada en absoluto. En todo caso, huiría más lejos. Las ovejas son así de bobas. Al menos eso me han dicho; yo no he pastoreado jamás un rebaño de ovejas, y más vale que no se me ocurra nunca hacerlo. ¿Pero qué me dices de la moneda? ¿Qué hizo? Nada. Se fue a pasar el rato a un rincón con las pelusas de polvo hasta que la mujer la encontró.

No predicamos sermones sobre lo arrepentida que estaba la oveja ni sobre lo diligente que fue la moneda para tratar de localizar a su dueña. Pero cuando llegamos a la historia del hijo pródigo, nos gusta centrarnos en la humildad y el arrepentimiento de este, como si hubiera sido eso lo que le consiguió el perdón.

No fue así. Desde todo punto de vista, no solo había dilapidado su reputación y su herencia, sino también su derecho como hijo. Se había burlado de su padre en público. Cuando se revolcó en el lodo de la pocilga, arrastró tras de sí el nombre de la familia.

Sí, su arrepentimiento era importante, porque sin él no habría regresado al padre. Pero la condena y desprecio que sentía hacia sí mismo nunca le hubieran podido hacer merecedor de ser aceptado.

Querido papá

La verdad es que tengo un problema con el pequeño discurso que preparó. Me lo puedo imaginar intentando escribirlo. Acaba de decidir regresar y convertirse en un siervo en la casa de papá, porque su padre era tan bueno que hasta los criados tenían bastante para comer.

Pero un pensamiento lo detuvo. *No puedo presentarme con las manos vacías. Al menos tengo que decir algo que lo convenza para que vuelva a admitirme.* De modo que se sienta, agarra un papiro, moja una pluma en tinta y empieza a escribir un discurso.

«¡Querido papa. ¡Eres el mejor! ¡Te echo tanto de menos!...». *No, eso es estúpido.* Hace una bola con el papiro y empieza de nuevo a escribir.

«Queridísimo padre, si tuviera que poner a todos los padres del mundo en una fila y escoger uno, me decantaría...». *No, eso también es una estupidez.* Tira el papiro.

«Hey, papá, no sabes cuánto echo en falta jugar contigo a lanzarnos la pelota en el patio...». *No, esto tampoco. Mejor ir al grano.*

«Querido papá, he pecado contra el cielo, contra ti, contra todos, y ya no soy digno de ser tu hijo. Solo hazme como uno de tus siervos». Dobla el discurso, encuentra una moto, consigue unos anteojos de protección y un mapa, antes de poner rumbo de regreso a la casa de su padre.

¡Pero, espera un momento! Aquí es donde viene mi problema con este discurso. ¿Qué quiere decir con "ya no soy digno"? ¿Es que *alguna vez* lo fue?

Tengo un hijo de ocho años, otro de cinco y una niña de tres.

¿Qué ocurriría si uno de ellos viniera una mañana y me dijera: «Papá, creo que por fin lo he conseguido. Últimamente he sido superbueno y creo que, tal vez, solo quizá, soy digno de ser tu hijo»?

A decir verdad, creo que me molestaría un poco. Le contestaría algo así: «¿Digno? ¡Niño, tú no sabes lo que estás diciendo! Anda ve y cómete la cena que yo he pagado. Ponte el pijama que te compré. Acuéstate en la cama que adquirí para ti».

Son mis hijos. Los amo. Moriría por ellos. Haría cualquier cosa por ellos. La cuestión no ha sido nunca lo buenos o lo malos que son, y jamás lo será. Ser un hijo o una hija no tiene nada que ver con ser digno. Somos hijos e hijas de Dios por nacimiento, no por mérito. Por esta razón, Jesús dice que hemos de nacer de nuevo. Debemos nacer.

Ningún bebé nace como resultado de sus propios esfuerzos. El doctor no grita con un megáfono por el canal de parto: «¡Vamos, hijo, inténtalo con más fuerza! ¡Aplícate más! ¡Todo depende de ti!» La madre es la que hace el trabajo duro, y el padre reclama que es él quien lo hace, pero el niño solo aprovecha el viaje.

El nacimiento espiritual ocurre por gracia cuando creemos. Efesios 2.8-9 declara: «Porque por gracia sois salvos por medio de la fe; y esto no de vosotros, pues es don de Dios; no por obras, para que nadie se gloríe».

¿Creer qué? Sencillamente que Jesús existe, que pagó por nuestros pecados cuando murió, y que resucitó para poner a la disposición de cada uno de nosotros una nueva vida. Nuestra filiación no se basa en nuestra actuación, sino en la obra acabada de Jesús y nuestra fe en ese trabajo terminado.

Algunos de nosotros supimos que éramos salvos por gracia

hace mucho tiempo, pero, de alguna manera, estábamos apartados. Empezamos a pensar: *Ahora que somos cristianos, que sabemos más, tenemos que hacer algo para mantener nuestra posición con Dios*. Tenemos que esforzarnos, insistir y presionar para permanecer en el buen camino.

¿Qué? ¿De dónde hemos sacado esto? Jesús murió por nosotros, antes de que naciéramos, antes de que hiciéramos nada ni bueno ni malo. ¿Por qué habría de hacer que empezáramos ahora a vivir por normas y ley?

Cuando la gracia corre

Volvamos a nuestra historia. El niño todavía no ha llegado a casa cuando su padre lo ve a lo lejos. El hombre debió de haberse pasado cada una de las noches de los últimos meses, tal vez años, en el porche, quedando como un necio delante de los vecinos, escrutando el horizonte, esperando contra toda esperanza ver una silueta familiar bajar por el camino.

«¡Déjalo ya, hombre!» le dirían sus vecinos y amigos. «Tu hijo te odia. Lo has perdido. Es un fracaso. No sigas perdiendo el tiempo esperándolo. Ese muchacho no merece tu amor».

Pero el padre no tiró nunca la toalla. Para él, no se trataba en absoluto de lo que se mereciera, de lo que fuera justo, o de lo que cupiera esperar. No tenía que ver con una política ni con una ley. Solo concernía a su hijo. Era algo personal.

La Biblia declara: «Y cuando aún estaba lejos, lo vio su padre». Observa la frase «aún estaba lejos». Podemos tomar toda nuestra educación, nuestra información, nuestros recursos y nuestros talentos y planear cómo vamos a hallar a Dios y convencerlo de dejarnos entrar; pero incluso con toda nuestra planificación, con todo lo que ideemos y preparemos, lo mejor que podríamos conseguir jamás seguiría siendo este «aún estaba lejos». Jamás podremos regresar a Dios por nosotros mismos.

De modo que el hijo está llegando. Está poniendo toda la carne en el asador. Va en su pequeña motocicleta. Voy a encontrarme con papá. Consulta el mapa, mientras piensa: *Nunca me había alejado tanto de casa. ¿Cómo puedo llegar hasta allí de nuevo?* Lo está intentando con sus propias fuerzas.

Entonces, de repente, ve a este hombre con su larga túnica y sus sandalias marca Tevas corriendo hacia él.

¡Es papá!

Y nosotros pensamos: *¡Uau! ¡Qué hermoso! El padre corre.* Yo había oído que en la cultura de aquella época en Oriente Medio, los hombres no corrían. Se consideraba indigno que lo hicieran, sobre todo cuando se trataba de alguien de esta posición social.

Recuerda que, cuando Jesús está contando esta historia, una multitud de gente corriente está congregada en torno a él. Se pregunta por qué Jesús va a Starbucks y se toma un *latte* caliente con doble de vainilla extra con el señor Propietario del Casino. Jesús explica, pues, que este muchacho estaba intentando dar con su padre, y que le quedaba un largo trecho por andar. Y el padre *corrió* hacia él.

Y te puedo garantizar que, cuando pronunció la palabra «corrió», todos retuvieron la respiración, porque pensaban: *Nunca he visto correr a mi papá. Los padres no corren.*

¿Pero qué intentaba comunicar Jesús?

Un amor desmesurado. Un amor extraordinario, extravagante y espléndido. Un amor que abrumó tanto al padre que perdió todo el sentido común y dejó a un lado su dignidad.

Recuerdo haber acompañado a mi hijo Zion a un entrenamiento de fútbol, cuando él tenía cuatro años. Yo me encontraba en la banda lateral, con Eliott, que tenía dos años. Zion inició su pequeña línea de ataque, que era la más patética que uno pudiera imaginar. Seis o siete críos de cuatro años corriendo sin rumbo. Pero, de repente, el balón saltó, saliéndose de aquel grupo y rebotó hacia la meta. Zion irrumpió del equipo en una acalorada persecución. Yo salté y me puse en pie, gritando. «¡Vamos, hijo!». Empecé a correr por el lateral. «¡Dale una patada a la pelota y métela en la portería!».

Debería mencionar que no había más padres en aquel entrenamiento. Era, básicamente, un sustitutivo de la guardería. Estoy seguro de que el entrenador se preguntaba para sus adentros: *¡Dios mío! ¿Pero quién es este hombre?*

Zion tenía cuatro años, pero uno hubiera podido pensar que se trataba de la Copa del Mundo de preescolares y que yo estaba arrollando a cámaras imaginarios y mesas de Gatorade, mientras corría junto a mi niño. «¡Dale una patada a la pelota, hijo!». Yo no dejaba de hacer exagerados movimientos con mi pie, por si acaso él no entendía lo que yo le estaba diciendo.

En ese momento, Zion me miraba —había dejado de mirar la pelota—, y sonreía disfrutando a tope de mi orgullo. Luego, accidentalmente, golpeó la pelota con el pie y el balón le rebotó en el tobillo y se introdujo en la portería.

«¡Bieeeeeeeeeeen! ¡Sí! ¡Sí! ¡Uau! ¡Ese es mi niño! ¡Sí!», grité sin una pizca de vergüenza. Me quité la camiseta y la hice girar sobre mi cabeza. Luego, tomé a Zion y lo levanté, desfilando con él sobre mis hombros, alrededor del campo de fútbol.

Después de aquello, recobré el juicio y empecé a darme

cuenta de lo que acababa de hacer. El amable universitario al que pagaban por horas para ayudar a mi hijo de cuatro años, para que la pelota rebotara en su tobillo, me miraba y pensaba: *Tío, necesitas que te vea un médico. Tienes que ir a la consulta del Dr. Phil.*

Cuando crecía, había visto a otros padres reaccionar de forma exagerada en los juegos. Siempre me había jurado a mí mismo que no me comportaría de aquel modo, y aquí estaba haciendo exactamente lo mismo que ellos —ni siquiera era un partido real, como para gritar a pleno pulmón—, y había perdido la cabeza. Pero cuando se trata de tu propio retoño, y es y actúa como tú, y calza adorables botas de fútbol y espinilleras cuando ni siquiera las necesita y consigue destacar en un entrenamiento de fútbol, tú te olvidas del decoro y del protocolo. No puedo explicarlo. No fue algo planeado. Ni siquiera pensé: *Hoy me voy a alegrar por mi hijo.* Tan solo fue algo que se apoderó de mí en el momento.

Es ese amor looo. El amor de padre

En esta parábola del hijo pródigo, el padre representa a nuestro Padre celestial: Dios. Celebra cualquier pequeña cosa que hacemos. Constantemente cuelga fotos mías en la versión celestial del Instagram, y es como si los ángeles dijeran: «¿Pero, Dios, qué tiene esto de extraordinario? ¡Si este tipo es un idiota!».

Y Dios responde: «Sí, es un muchacho divertido. Pero crecerá y saldrá de esto, ¡y no importa, porque me siento tan orgulloso de él!».

Aun en nuestros momentos más oscuros de pecado y egocentrismo, Dios sigue amándonos. Independientemente de todo. Y, en el momento en que ve el menor indicio de arrepentimiento, se vuelve loco. Nos asfixia en su abrazo. Pide que nos pongan una túnica, el anillo y las sandalias. Celebra una fiesta en nuestro honor.

Eso es la gracia.

Demasiado bueno para ser cierto

Pero me estoy adelantando a la historia. El hijo pródigo merecía ser castigado. Desposeído. Expulsado de la presencia de su padre para siempre. Él lo sabía, y también la multitud que escuchaba a Jesús. Pero, ahora, antes de que pudiera caminar hasta su padre, este corre hacia él. Lucas escribe: «... movido a misericordia, y corrió, y se echó sobre su cuello, y le besó». Esto es lo que se suele definir como un abrazo de oso. Lo asfixió entre sus brazos. Ignoró las restricciones y los conceptos sociales, y lo cubrió de besos.

El muchacho está agotado, solo, sucio y quebrantado por la vida. Apesta. Apenas ha logrado llegar a casa. Ahora, en su interior, todo quiere fundirse en los brazos de su padre, volver a ser un niño pequeño sin preocupaciones ni temores.

Pero, allí, enterrado entre los brazos de su progenitor, recuerda algo. No merece esto. No es correcto. No es justo. No es en modo alguno lo que la lógica dicta. Intenta zafarse del abrazo para poder soltar su discurso.

Tienes que entender que las personas que están escuchando la historia de Jesús han estado bajo la tiranía del legalismo y la ley durante toda su vida. Piensan exactamente como el muchacho. En este preciso instante se pregunta: *¿Quién es este Jesús? ¿Cómo puede hablar de un amor así? Los fariseos y los sacerdotes dicen que* tienes lo que mereces. Que tienes que hacerlo todo bien. Que tienes que orar y leer la Biblia, que tienes que conocer toda la jerga y ser perfecto. Pero este hombre habla de una clase de amor de la que nunca antes hemos oído hablar.

Cuando Jesús habla del discurso del muchacho, apuesto a que todos los que escuchaban pensaban para sus adentros: *Así se habla. Este discurso va a funcionar. Ya verán, se va a ganar el corazón de su padre con estas palabras.* Esta es su opinión. *Voy a tomar nota de esto que dice. Me gusta.* ¡No habían entendido nada!

El hijo se libera del abrazo y se lanza a su súplica: «Emmm, papá, he pecado contra ti y ya no merezco...».

A mitad de su discurso, el padre lo interrumpe. Ignora su lógica. De todas formas, es completamente imperfecta. Llama a sus siervos para que le traigan ropa nueva, y un anillo que poner en su dedo. Decreta una celebración masiva en honor a su hijo.

¿Honor? ¿Qué había hecho su hijo para merecer honor alguno? Esa fue precisamente la pregunta que formuló el hermano mayor. Fue la misma interrogante de los fariseos y del resto de la multitud. Y, con toda probabilidad, también será lo que tú y yo nos preguntemos cada vez que la gracia fluya hasta nosotros.

No *hizo* nada. No se trataba de él. Solo tenía que ver con la gracia del padre. El caprichoso hijo se limitó a aceptar el perdón que el padre le ofreció.

Asombrado, pero de repente esperanzado, el hijo entra a la casa de su padre. Comienza la celebración. Las personas se desbordan de alegría al verlo. Le dan la bienvenida al hogar. No hay vergüenza ni culpa ni rechazo.

Él baja la mirada y contempla su túnica. Gira el anillo en su dedo. Hace resonar sus sandalias contra el suelo, como en los viejos tiempos. *¿Sería posible? ¿Se podría olvidar su necedad tan solo*

2048

porque el padre así lo hubiera decidido? ¿Habría un futuro para él, incluso después de todo lo que había hecho? Parecía demasiado bueno para ser cierto.

Esto es la gracia.

CINCO

La gracia es una persona

Cuando alguien te hace un regalo y te dice: «¡Vamos, ábrelo! ¡Quiero ver qué cara pones!», uno debería ponerse nervioso. En mi experiencia, esto suele querer decir que algo extraño está a punto de ocurrir. Estoy seguro de que has pasado por esto. La persona está segura de que te gustará el regalo. No puede esperar para ver tu reacción, que puede incluir, sin limitarse exclusivamente a ello, lágrimas, gritos de gozo y bailar por las calles.

Así que lo abres. Y ni siquiera sabes qué es. «¡Oh, vaya!», exclamas. Esta expresión no te compromete y es segura, además de proporcionarte algún tiempo para recuperar el control de tus músculos faciales.

«¿Te gusta?», te preguntan casi sin aliento.

«¡Pues claro que sí! Es justo lo que quería. Me encanta. Tenía que conseguirlo. ¿Cómo lo has sabido?».

Y, nada más marcharse, lo pones en una estantería de tu armario y solo lo sacas cuando ellos aparecen, porque no tienes la más remota idea de lo que hacer con ello.

Abusar de la gracia

Así es precisamente como muchos de nosotros acabamos comportándonos con la gracia. No sabemos qué es ni qué hacer con ella, de manera que la dejamos en una estantería la mayor parte del tiempo. Luego la sacamos cuando necesitamos salir de algún problema.

Esta hueca comprensión conduce a algunos a abusar de la gracia. Pecan a propósito. Planean su pecado con antelación. Saben hacer lo bueno —conocen la verdad—, pero le dan la espalda. Luego, cuando se ven atrapados, suplican gracia como si de la quinta enmienda se tratara. Para ellos, la gracia es una forma de eludir la responsabilidad de ser dueños de sus actos. Es la mejor de las bazas del cristiano.

Fui pastor de jóvenes durante ocho años y me crucé con bastantes tipos de aspecto turbio que querían vivir como el diablo, pero seguir llamándose cristianos. En ocasiones les preguntaba:

—¿Qué tal te va? ¿Te mantienes puro?

—No tanto. Yo soy un tío, ya sabes. Tengo hormonas y todo ese rollo. Pero todo va bien.

—Yo también soy un tío. No es fácil, pero hay esperanza. ¿Tú quieres mantenerte puro, no?

—En realidad no estoy seguro, ¿sabes? Creo que estoy bien. Mejor que muchos. Sí, es verdad que pecar no está bien y todo eso, pero para esto sirve la gracia de Dios».

—¿La gracia de Dios? —Es evidente que no lo han

entendido—. Hmm... sí... La gracia de Dios está ahí para ti. También está disponible para ayudarte a cambiar. ¿Ves alguna mejoría?

—Yo diría que no. La cosa va más bien a peor. Pero, oye, ¡la gracia de Dios!

Y allá que se iban, sin cambiar y sin preocuparse lo más mínimo.

Quienes alardean de su pecado amparándose en la gracia desconocen en realidad lo que esta supone. No saben qué hacer con el regalo que han recibido, de modo que lo convierten en algo que no es: una tarjeta «quedas libre de la cárcel» como en el Monopoly, una cortina de humo, una alfombra bajo la cual esconder las cosas desagradables. No es ahí donde encaja la gracia. Es como poner tu bicicleta en la cama, junto a ti. No es su lugar.

Sin embargo, si no tenemos cuidado, podemos reaccionar de una forma exagerada. La flagrante hipocresía hace que queramos matizar la gracia, que le hagamos un dobladillo de restricciones y reglas para que nadie abuse de ella. No obstante, en este proceso, invalidamos las verdades mismas que liberarían a las personas.

Al escribir sobre el favor ilimitado de Dios, el espléndido amor que cubre el mal comportamiento y aceptar a los que son malos, puedo oír en mi mente las voces preocupadas: *Sería mejor que no se volviera demasiado loco con este asunto de la gracia. Más vale que equilibre esa gracia con alguna verdad. Debería matizar lo que dice. Si se limita a predicar sobre la gracia, todos van a empezar a pecar.*

Noticias de última hora: ya están pecando. La gente no necesita gracia para pecar, sino para tratar con el pecado que ya llevan encima.

Recientemente me he percatado de algo, con respecto a la gracia, que ha cambiado mi vida. No es nada nuevo; es algo que se lleva entendiendo muchos años. Viene directamente de la Biblia. Pero se ha hecho realidad para mí, y ha ayudado a que muchas cosas encajen en su sitio.

La gracia es más que un principio, que una idea, que una doctrina o dogma, que una tapadera para el pecado.

La gracia es una persona.

Y su nombre es Jesús.

Gracia rebosante

Juan, uno de los discípulos y amigos más cercanos de Jesús, escribió lo siguiente sobre él: «Vimos su gloria, gloria como del unigénito del Padre, lleno de gracia y de verdad [...]. Pues de su plenitud todos hemos recibido, y gracia sobre gracia. Porque la ley fue dada por medio de Moisés; la gracia y la verdad fueron hechas realidad por medio de Jesucristo» (Jn 1.14-17).

En este breve pasaje debemos tomar nota de varios puntos. En primer lugar, Jesús estaba lleno de gracia y de verdad. Esto significa que la gracia y la verdad no son enemigas. Están del mismo lado. No es necesario equilibrarlas en modo alguno, porque ambas están personificadas en Jesús. Con solo tener más de Jesús, conseguiremos gracia y también verdad.

En segundo lugar, este pasaje declara que la gracia que Jesús trajo reemplazó a aquella que Moisés dio a través de la ley. Jesús afirma que las normas son buenas y que la ley tuvo su lugar. Pero, en última instancia, no es el camino para llegar a Dios. La gracia sí lo es.

Lo más importante de todo es que estos versículos aseveran que Jesús estaba «lleno de gracia y de verdad», y que de esa plenitud nosotros hemos recibido «gracia sobre gracia». En otras palabras, él encarnó la gracia. Rebosaba gracia. Él era la gracia. Después de conocer a Jesús, la gente comentaba probablemente cosas como: «Este hombre es diferente. Está cubierto de gracia». Jesús era para todos la imagen de la gracia. Lo observaban y lo escuchaban y, durante el resto de su vida, no tenían ya que preguntarse cómo sería la gracia. Lo sabían.

Mi definición favorita de la gracia es la que hace Jack Hayford, un gran pastor y autor de San Fernando Valley, California: «La gracia es el encuentro de Dios con nosotros, en nuestro momento de necesidad y en la persona de Jesucristo». Dicho de otro modo, necesitamos ayuda, y, por tanto, Dios nos proporciona gracia. *Y su nombre es Jesús.*

No pretendo ser redundante, solo quiero ser claro. Jesús es la fuente de gracia, el epítome de la gracia, la manifestación de la gracia. Jesús es gracia, y la gracia es Jesús.

Si puedes describir a Jesús, puedes describir a Dios. Una de las cosas más perjudiciales que hacemos como humanos es definir a Dios basándonos en nuestra propia imaginación. Salimos con definiciones falibles y subjetivas que luego proyectamos en él. Así, si tuvimos un padre abominable o si nosotros lo somos, imaginaremos que Dios también lo es. Si hemos experimentado el rechazo, el maltrato y la tiranía de la autoridad, la imagen que nos haremos de Dios será de alguien que rechaza, maltrata y nos trata con prepotencia.

Algunos de nosotros vivimos en el temor constante de que

Dios está a punto de eliminarnos y aniquilarnos, no porque exista la más mínima prueba a tal efecto, sino sencillamente porque es la forma en que nos lo imaginamos. Nos sentimos culpables por nuestras malas acciones y somos seres finitos. Suponemos, pues, que un Dios infinitamente justo debe sentirse ilimitadamente molesto.

Y, allá arriba, en el cielo, Dios pregunta: «¿Pero de dónde han sacado ustedes ese concepto de mí?».

Por esta razón vino Jesús. Declaró a sus discípulos: «El que me ha visto a mí, ha visto al Padre» (Jn 14.9). Jesús vino a revelar al Padre, a mostrarnos a Dios. Si quieres saber lo que Dios piensa de ti, o lo que diría de tus pecados, o cómo respondería si te tuviera cara a cara, solo mira a Jesús y lo sabrás.

Engañar a Chelsea

Cuando tomamos conciencia de que la gracia es una persona y no un principio, abusar de ella ya no es una opción. Resulta fácil hacer un mal uso de un principio, manipular un sistema o excusar una doctrina. Pero es mucho más difícil maltratar a una persona o violar una relación.

Chelsea y yo llevamos doce años casados. Es una mujer asombrosa y extraordinaria. Obviamente, contraje matrimonio con alguien muy por encima de mi nivel. Somos los mejores amigos, nuestra relación amorosa es apasionada, y nos reímos mucho. Espero vivir el resto de mi vida con ella.

Sin embargo, debo confesar que mis esfuerzos en este matrimonio palidecen en comparación con los suyos. Chelsea es infinitamente mejor cónyuge que yo. Ella es la razón de que nuestro matrimonio funcione. Ha conseguido entender de qué pasta estoy hecho y lo utiliza para bendecirme. Y tal vez también para conseguir lo que quiere. Pero yo me siento amado y feliz, de manera que merece la pena.

En el transcurso de estos doce años de éxtasis, jamás se me cruzó por el pensamiento algo como: *Sabes, Judah, Chelsea te ama tanto, te cuida tan bien y te es tan fiel y leal que podrías engañarla y no pasaría nada. Ella te volvería a aceptar. Te seguiría amando.*

Jamás he pensado de este modo y nunca lo haré. Es ridículo. Es repulsivo.

¿Por qué? No le soy fiel a un ideal impersonal llamado matrimonio, sino a una persona. Y cada cosa buena que ella lleva a cabo no hace más que reforzar mi compromiso y mi fidelidad hacia ella. En modo alguno me tienta a abusar de su confianza.

Cuando algunas personas oyen hablar de la gracia, lo primero que piensan es: *Entonces, ¿puedo salir y hacer lo que quiera, y Dios tiene que perdonarme?* No han conocido la gracia, sino tan solo un concepto. Han percibido una idea. Han escuchado un hermoso sermón.

Cuando se mira a la gracia directamente a los ojos, cuando se la conoce, cuando se la acepta, cuando se ve las marcas de los clavos en sus manos, el fuego en sus ojos, cuando se siente su amor incansable, no te sentirás motivado a pecar. Te impulsará hacia la justicia.

Cuando conocemos la gracia, se convierte en el combustible de nuestra fe. Oramos, leemos nuestra Biblia, adoramos y vivimos de la forma más pura que podemos, porque amamos a una persona. La lealtad a una doctrina solo dura un cierto tiempo, pero una relación triunfa por encima de todo. Haríamos cualquier cosa por alguien a quien amamos.

¡Cuidado con los pitufos!

La película *Los pitufos* se estrenó hace ya algún tiempo. Por si no has visto el film o si no conoces esta serie de dibujos animados de los años ochenta en la que se basaba, la trama argumental gira en torno a un puñado de diminutas criaturas azules llamadas pitufos que viven en un país mágico, donde se ven constantemente perseguidos por un hechicero llamado Gárgamel y su gato, y demostrando que son mucho más astutos que estos. Los recuerdos más destacados incluyen su irritante banda sonora y el uso de la palabra pitufo en todas las partes del habla conocido por el hombre.

«Te pitufo».

«¡Hace un día tan pitufo!».

«Todos los pitufos están pasando un tiempo muy pitufo pitufeando pitufamente en la pitufeidad del pitufoprado».

Y así todo el tiempo.

En la década de los ochenta yo era un niño y recuerdo que a algunos de mis amigos no les permitían ver este programa. ¿Por qué? Porque, evidentemente, *Los pitufos* eran del diablo. Esto era del dominio público en ciertos círculos cristianos. Se escribieron libros y se predicaron mensajes sobre este asunto. Los pitufos eran pequeños demonios azules y Gárgamel era un hechicero, había conjuros y magia y, para colmo, un gato negro. Ver esta basura en la televisión corrompería a una criatura y la conduciría cuesta abajo por un sendero oscuro.

Algunos de los lectores sabrán exactamente de lo que estoy hablando. Otros se rascarán la cabeza y se preguntarán en qué planeta crecí.

El razonamiento es el siguiente. Los cristianos y las iglesias bienintencionados querían proteger a sus niños de las influencias malignas. Por tanto, creaban normas para identificar lo que era saludable y lo que no. No voy a opinar aquí si estas reglas con las que me crié eran correctas o incorrectas, porque este no es tema. ¿Había influencias negativas de las que hubiera que proteger a los niños? Sin la menor duda. ¿Exageraban algunos cristianos? Por supuesto.

No se trata de que, en mi infancia, se me privara de más cosas que a otros ni que fuera un tiempo más santificado que el de los demás. Tampoco significa que ver *Los vigilantes de la playa* supusiera que habías aceptado llevar la marca de la bestia (si no sabes lo que son *Los vigilantes de la playa* o la marca de la bestia, no te preocupes). La idea en todo esto es la siguiente: algunos de nosotros confiamos demasiado en las reglas.

Las normas no son malas, pero tampoco salvan a nadie. Lo máximo que estas o las leyes pueden hacer es establecer unos límites y amenazar con un castigo a cualquiera que traspase dichas demarcaciones. Pero la persona sigue siendo quien decide si obedecer la regla o no.

Mis padres eran mucho más estrictos que la mayoría de los progenitores que yo conocía, pero yo no me rebelaba. No le volví la espalda a Dios. No sentí que debiera salirme por la tangente y probar el pecado para ver si me gustaba.

¿Por qué? No fue por las normas. No fue por las amenazas. Y, desde luego, no fue porque tuviera una personalidad tan dócil, de esto pueden dar fe mis padres y, ahora, mi esposa. Fue un asunto de relación.

En ocasiones yo no estaba de acuerdo con sus decisiones o criterios. Me consta haberme expresado con elocuencia al respecto en aquellos momentos. Pero jamás dudé de su amor hacia mí. Hasta cierto punto era consciente de que, en realidad, sus normas demostraban precisamente ese amor que sentían por mí. Lo correcto o incorrecto de su decisión importaba menos que la motivación que subyacía tras ella.

He observado a padres que establecen reglas por temor. Intentan servirse de normas que garanticen el que sus hijos permanezcan en el buen camino. Esto no funciona. Las medidas no sirven para esto. El propósito de las pautas consiste en conducirnos a una relación, no a remplazarlas.

Permíteme una advertencia. Centrarse demasiado en las reglas y no lo bastante en la gracia expresa ante los niños que aquello que hacen es más importante que quiénes son.

Pitufa en esto por un momento.

Estos principios no van destinados tan solo a quienes desempeñan la función de padres. Así es como funciona nuestra relación con Dios. Para él, es más una cuestión de relación que de normas. Infinitamente más.

Jesús lo demostró. Amó a los pecadores —nos amó a nosotros— mucho antes de que hiciéramos nada para merecerlo. Luego dio su vida en pago por nuestro pecado, para que pudiéramos tener una relación eterna con Dios.

Y esta es la parte que debe frustrar un poco a Dios. Tomamos esta asombrosa relación basada en la gracia, llena de amor, y construimos un muro de normas alrededor de ella. Convertimos la relación en religión. Cuantificamos, codificamos y clasificamos la gracia hasta que llega a tratarse más de nosotros que de Dios.

Obviamente lo hacemos con nuestro buen corazón. Somos conscientes de que fue nuestro pecado el que envió a Jesús a la cruz, y decidimos no volver a pecar nunca más. Nunca, nunca, nunca. Y establecemos reglas que nos mantengan alejados del borde del pecado.

Nuestra solución es también nuestro problema. ¿Acaso no gira todo en torno a «no pecar»? ¿No es esta la máxima prioridad de Dios? Cuando lleguemos al cielo, ¿extenderá Dios su hoja de cálculo celestial y declarará: «Has llegado por los pelos, pero como tu ratio pecado/santidad es mejor que la media nacional, te dejaré entrar»?

Cuando veamos a Jesús cara a cara, el pecado será lo último que tengamos en mente. Solo pensaremos en su gracia, en su amor y en lo felices que nos sentimos de estar en sus brazos.

Cuando confeccionamos reglas, porque tememos que las personas pequen, acabamos pasando por alto la fe. No es el temor lo que nos salva, sino la fe. El temor al fracaso tiene una forma engañosa de convertirse en una profecía que tiende a cumplirse por su propia naturaleza. Nos centramos tanto en lo que no queremos hacer que nos vemos atraídos hacia ello como la mariposa nocturna a una llama. O como el mosquito a un matainsectos, ya que ahora estamos en el siglo veintiuno.

Crea normas y síguelas tanto como sea necesario, pero no te concentres en ellas. Céntrate en la fe. Céntrate en la gracia. Céntrate en Jesús.

Algunas veces, nuestro celo por evitar el pecado nos lleva a dejar a un lado la gracia necesaria para poder lograrlo. A pesar del caos que hemos provocado en el pasado, le decimos a Dios:

«Gracias por perdonarme y todo eso. Ahora, ¡yo me encargo a partir de este punto!». Y nos empotramos de lleno en un muro de ladrillos. Entonces Dios vuelve a recomponer a Humpty Dumpty, le damos las gracias por su perdón, y... volvemos a hacerlo otra vez.

No odio las normas, pero creo que es necesario que las conservemos en su lugar. Más que esto, es preciso que reconozcamos la preeminencia y la suficiencia de la gracia.

En síntesis: todo lo que las normas pueden hacer, la gracia lo supera y con creces.

¿Por qué las reglas no son suficientes?

Para responder a esto, a continuación presento algunas observaciones sobre los fallos de las normas y, por extensión, en cuanto a la necesidad de la gracia. Se trata, claro está, de generalizaciones y no de leyes infalibles de la naturaleza, de modo que no te pongas demasiado a la defensiva contra mí. Ya seas un espíritu libre frustrado por tu incapacidad de seguir reglas o un perfeccionista que se precie de llevar un estilo de vida impoluto, esto es para ti.

1. Las reglas son con frecuencia arbitrarias.

Algunas cosas no son blancas o negras, sino grises. Cómo actuar en dichas situaciones se reduce a una cuestión de criterio. Yo no puedo ser tu juez ni tú el mío. Cuanto más tiempo llevo como pastor, menos propenso soy a decirle a las personas lo que tienen que hacer y más rápido en limitarme a abrazarlas y orar con ellas.

Si lo que buscas es una lista tonta de «debes» y «no debes» para llevar una vida feliz y santa, no te puedo ayudar. No soy lo suficientemente inteligente para decirte qué hacer en cada circunstancia. O tal vez no sea lo bastante tonto, depende de cómo lo mires.

Pero existe una respuesta sencilla y a prueba de fallos. Funciona en todas las culturas, todas las épocas, todas las familias y todo tipo de personalidades.

Jesús.

Cuando te centras en una persona y no en un conjunto de normas, todas las cosas encajan en su lugar.

2. Las reglas no tienen poder.

Las reglas solo nos dicen lo que debes o lo que no debes hacer, pero, en realidad, no nos ayudan a lograrlo. Si no somos capaces de seguir las normas, acabamos sintiéndonos condenados y sin esperanza; esto, a su vez, nos desmotiva y hace que aún nos resulte más difícil cumplirlas.

Para ser exactos, la palabra *gracia* tiene un doble significado en la Biblia. Por una parte, se refiere al favor inmerecido de Dios hacia nosotros. Sin embargo, además de esto, también alude a su poder que trabaja en nosotros para lograr mucho más de lo que podríamos conseguir por nosotros mismos. La gracia es el poder que Dios nos da para vivir de un modo distinto.

3. Las reglas son algo externo.

Las reglas son restricciones impuestas sobre nosotros por otras personas o por nosotros mismos. Por lo general pretenden impedir que hagamos lo que queramos o motivarnos a realizar aquello que no deseamos. En otras palabras, la norma externa se opone con frecuencia a nuestros deseos internos. Esto crea conflicto y dificulta la obediencia.

Las reglas tratan la conducta, pero no el corazón. No modifican las actitudes. No sanan las incoherencias y las fracturas que se hallan en lo profundo de nuestra alma y que podrían acabar destruyéndonos.

En cambio, la gracia es interna. Funciona a nivel del corazón. Donde las normas intentan obligarnos a hacer lo opuesto a lo que queremos, la gracia cambia en realidad nuestros deseos. Crea coherencia e integridad internas. Hacer lo correcto se vuelve mucho más fácil.

¿Has conocido alguna vez a personas tan santas que no pueden disfrutar de la vida y que tampoco permitirán que tú lo hagas? Esto no es santidad. Es prepotencia y legalismo. Me recuerda a Debbie Downer del programa de televisión *Saturday Night Live*. Se puede estar hablando de cualquier cosa, desde el fútbol hasta la lotería, y se las ingenian para inyectar un comentario seudoespiritual que destaca lo espirituales que son, porque no participan en tales placeres terrenales.

Cuando nos centramos en Jesús y no en un código de conducta, cuando la gracia cambie nuestros deseos de tal manera que nos sintamos internamente motivados y no solo externamente refrenados, seremos personas mucho más divertidas con las que estar. Es preferible promocionar la santidad que contestarles mal a otros, vamos, digo yo.

4. Las reglas nos orientan hacia nosotros mismos.

Las reglas y normas tratan más sobre nosotros; la gracia es más acerca de Jesús. Si lo único en lo que nos centramos y en lo que trabajamos es en comprobar nuestra lista de quehaceres de santidad, tenderemos a la arrogancia y a la autosuficiencia. Más tarde o más temprano nos daremos cuenta, naturalmente, de que la perfección es insostenible y nos pasaremos al extremo opuesto: la condenación. Eso tampoco es divertido.

La gracia nos orienta hacia Jesús. Nos mantiene humildes y también nos proporciona la esperanza de poder vivir, al fin y al cabo, una buena vida. Cuando lo echamos todo a perder, no nos sentimos emocionalmente desbaratados. Nos levantamos y lo volvemos a intentar, porque sabemos que Jesús está de nuestro lado. No está furioso con nosotros; ni siquiera está decepcionado. Siente entusiasmo por lo que estamos intentando conseguir y está ahí para ayudarnos a aprender y a crecer.

5. Las reglas suelen basarse en el temor.

La mayoría de las reglas solo tienen éxito cuando poseen fuerza, cuando hay en vigor una especie de sistema tipo recompensa-y-castigo. Obedecemos porque tememos perdernos un galardón o por temor a ser castigados. Esto sirve en muchos casos, como en el vínculo jefe-empleado o maestro-alumno, pero no es una reciprocidad saludable entre padre e hijo, que es como la Biblia define nuestra relación con Dios.

La gracia nos motiva a vivir una vida correcta, porque, en primer lugar, nos atrae más a Jesús. Al ir conociéndolo más, queremos ser más como él. Es algo natural, orgánico y eficaz.

6. Las reglas enfatizan lo negativo.

La vida no consiste en apretar los dientes y hacer lo correcto. Si pensamos que la santidad equivale a pasarnos el resto de la vida perdiéndonos todo lo divertido, porque no queremos ir al infierno, más tarde o más temprano, la mayoría de nosotros tirará la toalla e irá a «divertirse», y nos limitaremos a esperar que Dios esté de buen humor cuando decida nuestro destino eterno. Con un poco de suerte, tendremos un cincuenta por ciento de probabilidad.

La gracia se centra en la vida abundante que Jesús nos da de forma gratuita. Lo que abandono es completamente irrelevante, porque lo que gano es demasiado asombroso. Hasta que no experimentemos esto, resulta difícil describir cómo es la bondad de Dios. Pero, en todo caso, es algo que no se parece en nada a la lista de «debes» y «no debes» que tú podrías imaginar.

Cuando era niño, pensaba que las hamburguesas de establecimientos de comida rápida tenían un sabor increíble. Esto se debía, en parte, a que mis padres solo compraban filetes cuando no estábamos mi hermana y yo. ¡Qué tacaños! Un día, probé un bistec de verdad. Mi vida cambió para siempre, porque no hay fiesta que se pueda igualar a una en la que haya carne roja. Lamento si esto puede ofenderte, pero yo sería un pésimo vegetariano.

Si hoy tuviera que escoger entre el Golden Arches y Ruth's Chris Steak House, elegiría siempre este último. Sin lugar a duda. Y, cuando le hinco el diente a un mantecoso bocado de comida para hombre medianamente raro, lo último en lo que pensaría sería en la excusa del pepinillo para dejar de lado a una hamburguesa con queso.

Una vez que saboreas la bondad de Dios, el pecado pierde su atracción duradera.

Gracia caótica

Antes de pasar a otro asunto, debería mencionar que resulta más fácil tratar con las reglas que con la gracia. Y en esto consiste precisamente gran parte de su atractivo. Por esta razón seguimos creando normas aun cuando no somos capaces de cumplir las que ya tenemos.

Las reglas son ordenadas. La gracia es caótica, impredecible, incuantificable. Puedo respaldar mi vida con un conjunto de normas y determinar con facilidad si soy una buena o mala persona. Y podría hacer lo mismo con tu vida, y hacerlo desde una distancia, sin tener que complicarme con una relación, una compasión y la molestia de la vida real.

No ocurre lo mismo con la gracia. Esta arriesga su reputación al comer con notables pecadores. Sacrifica su programa para ayudar a la gente que sufre. La gracia no nos permite el lujo de la dejadez. No se distrae tanto con las buenas acciones como para olvidarse de las personas.

Si escoges vivir por gracia y no por las reglas, te encontrarás con algunos momentos de caos. Pero una vez aceptas la gracia, no la dejarás escapar jamás.

Por si acaso te estás haciendo algunas preguntas, no llevé a mis hijos a ver la película de *Los pitufos*. Y no fue porque temiera que se convirtieran en adoradores del diablo y sacrificaran a las mascotas de los vecinos, sino porque un miembro de la familia nos comentó que el film asustó demasiado a sus hijos. Es probable que esto no hubiera supuesto un problema para nuestro hijo mayor, pero sí para el pequeño. Por tanto, me negué y fuimos a ver otra cosa. No le di mayor importancia, pero tampoco me disculpé por ello. Supongo que tal vez, algún día, escriban un libro sobre mí y mis normas tiránicas, pero estoy muy convencido de que me seguirán amando y esto es lo único que cuenta.

SEIS

Abandonar Meritolandia

Muchos de nosotros pasamos nuestro tiempo en lo que yo denomino un Meritolandia. Se parece a Disneylandia cuyo eslogan es: «El lugar más feliz de la tierra». El lema de Meritolandia es «Solo tienes lo que mereces». Es lo primero que te dicen a tu llegada. Las paredes están cubiertas de pósters que así lo expresan. Suena durante todo el día en diminutos altavoces.

Mundo Digno es pobre. En todas las atracciones, la pintura se está descascarando. La noria tiene una altura de tres metros sesenta y se atasca constantemente. Tras montar en los autos de choque te duele el cuello por la brusquedad con la que se sacuden. Los personajes del zoológico son una cabra esquelética y un perro que parece tener la rabia. Las palomitas de maíz llevan hechas una semana y saben a grasa quemada.

Muchos de nosotros seguimos dando pequeños paseos por Meritolandia. Nos preguntamos por qué no hay más diversión, pero no podemos permitirnos nada más. De modo que nos reímos con risas vacías y les contamos a otros cuán extraordinario que es ese lugar.

De vez en cuando, por encima de la cerca, echamos un vistazo a un lugar asombroso que se llama Tierra de Gracia. No, no es la finca de Elvis Presley. Es un lugar que nada tiene que ver con ella. En Tierra de Gracia se encuentran las atracciones más descabelladas e impresionantes jamás conocidas. Allí vemos a personas que se lo están pasando en grande en las enormes montañas rusas. Miramos desde nuestro pequeño carrusel y nos preguntamos qué hicieron para conseguir entrar a Tierra de Gracia.

¡Uau!, pensamos. *Las entradas a ese parque deben costar una fortuna. Jamás podría entrar ahí. Nunca lo conseguiría.*

Entonces, alguien mira a través de un agujero en la cerca de Meritolandia y te dice: «Hey, tío, ¿por qué no vienes a Tierra de Gracia? ¡Es impresionante! ¡Es asombroso!».

«No, no puedo. Jamás conseguiría pagar la entrada. No lo merezco. La gracia no es para mí».

«¿No te has enterado? ¡En Tierra de Gracia la entrada es gratuita!».

«¿Gratuita? No, eso no es posible. Es demasiado bueno para ser verdad. De todos modos, gracias. Solo me quedo con lo que merezco».

Eso suena a humildad, pero no lo es. Es falsa humildad, o, lo que es lo mismo, tan solo orgullo disfrazado de modestia. El orgullo es uno de los mayores enemigos de la gracia.

¿Pensabas que Disneylandia era caro? En Meritolandia te cobran hasta por respirar, y aún no sería suficiente. Pero las atracciones de Tierra de Gracia no te costarán ni un céntimo. Jesús es el dueño del parque y dice que todo aquel que quiera puede entrar sin cargo alguno.

No tenemos que ganar nada. No hay nada que pagar. No tenemos que hacer mérito alguno. La gracia es sencillamente esto.

Consumado

¿Has pagado alguna vez la comida de alguien, tan solo para que esa persona insistiera en devolverte la invitación? Un poco de resistencia es natural, y hasta educado. Pero si la persona a la que intentas bendecir por la bondad de tu corazón se niega por completo a aceptar tu regalo, ni que decir tiene que te sientes afrentado y desairado.

Algunos piensan que cuando reciben la gracia de Dios para cubrir sus pecados se están aprovechando de él. Saben que, en un principio, fueron salvos por gracia, pero les parece que cada nuevo pecado es otro clavo en las manos de Jesús. Cuando meten la pata y tienen que pedir perdón, lo hacen con la sensación de estar frustrando a Dios o insultando su generosidad.

Respeto su sinceridad y su ética de trabajo, pero están absolutamente equivocados.

La gracia no fue gratuita para Jesús. Le costó todo. Por esto precisamente deberíamos recibirla gratis. Rechazar este regalo tan valioso y responder: «No, gracias, Dios, ya tengo esto», sería lo más insultante que podríamos hacer. Por favor, no me vengas con que Jesús fue golpeado, mutilado y torturado para que pudiéramos intentar salvarnos a nosotros mismos por medio de nuestras insignificantes buenas obras. No abarates el sacrificio de Jesús intentando reembolsarlo.

Cuando recibimos su gracia y disfrutamos de ella, no estamos fastidiando a Dios. Ni mucho menos. Es lo que le gusta. En su mente, la muerte de Jesús en la cruz resolvió el problema del pecado y ahora podemos volver a la vida abundante que Dios creó originalmente para nosotros.

Para mí, cuanto más conozco a Jesús y su bondad, más quiero vivir de un modo que le agrade. Es así de sencillo.

A veces nos obsesionamos demasiado con el poder del pecado y con lo débiles que somos. Nos preocupamos de que si nos relajamos por un segundo, meteremos la pata hasta el cuello y lo estropearemos todo. Lo irónico es que nuestra paranoia solo sirve para hacer que seamos más conscientes de nuestra pecaminosidad. Es como estar mirando fijamente una rosquilla y esperar que esto nos motive a perder peso.

Entonces aparece alguien y nos habla sobre la gracia. Nos dicen que Dios nos ama de una manera incondicional. Afirman que él no se preocupa por nuestro pecado ni la mitad de lo que nosotros lo hacemos, porque Jesús ya se ocupó de él en la cruz. Y nosotros pensamos: *Ya he metido la pata bastante. Si dejo de insistir en ser justo, quién sabe cómo acabaré. Es una pendiente resbaladiza que va directa al infierno.* De modo que nos aferramos a nuestra santidad en un agarre mortal y luchamos por la perfección como si todo dependiera de nuestro comportamiento.

No es así. De eso se trata precisamente. Es lo que Jesús les decía a las multitudes, a sus discípulos, a los pecadores de mala reputación y a los fariseos. Nuestra justicia no depende de nuestra conducta presente, sino de la obra acabada de Jesús.

Una de las últimas exclamaciones que hizo Jesús cuando

estaba colgado en la cruz ha estado resonando en mi cabeza recientemente. Esta frase cambió para siempre la forma en la que el hombre se relaciona con Dios, y que ha alterado la manera en la que me veo a mí mismo, cómo lo entiendo a él y cómo reacciono al pecado.

Jesús pronunció: «Consumado es».

Cuanto más pienso en esta breve y potente frase, más convencido estoy de que necesitamos estimar más a Dios y menos al pecado. Algunos de nosotros nos sentimos tan abrumados por la enormidad de nuestros fracasos que apenas podemos creer que Jesús pueda amarnos. Esto es un problema. Y es uno mucho más grande que el pecado en sí mismo, porque este no es nada del otro mundo.

Permíteme explicarme. Aguanta un poquito, porque en realidad voy a ser casi lógico. ¡Escalofriante pensamiento! Los más analíticos de ustedes estarán pensando: *¡Vaya, por fin! ¡Dios existe!* Tal vez no se vuelva a dar el caso, por lo que te aconsejo que lo disfrutes mientras dure.

¿Es el pecado algo de suma importancia? Depende de cómo se mire.

El pecado encierra tres componentes principales: la culpa, el poder y el efecto. En primer lugar, la *culpa* del pecado se refiere a mi estado de «culpabilidad» cuando peco o violo la ley.

Por ejemplo, si aparco el auto donde no debo, soy culpable de transgredir la ley. Me pueden castigar. Y, si esto ocurre en el centro de Kirkland, donde resido, con toda probabilidad me pescarán y me procesarán con todo el rigor de la ley, porque tenemos una vigilante de parquímetro que rivaliza con la CIA en sigilo y efectividad. El gobierno habría encontrado a

Osama bin Laden muchos años antes si la hubieran asignado a ella en el caso. Es absolutamente inmisericorde. Quizá le entregue una copia de este libro.

El *poder* del pecado es otro asunto. Se refiere a un impulso interno a hacer lo que está mal. Se le suele llamar tentación. Algo en nuestro interior tira de nosotros hacia cosas que sabemos perfectamente que son incorrectas. En el ejemplo del parqueo en un lugar indebido, el poder del pecado se manifiesta en mi falta de paciencia para hallar un sitio adecuado donde estacionar y en mi desconsideración por la autoridad. Son cuestiones internas que, si no se vigilan, me conducirán a cosas mucho peores que dejar el auto en el carril para incendios del centro comercial.

Y, por fin, tenemos el *efecto* del pecado que alude a las consecuencias de aquello incorrecto que hago. Si aparco donde no debo, el efecto podría ser obstaculizar el flujo del tráfico o que un camión de bomberos no pueda llegar a una boca de incendios. Nuestro pecado siempre tiene un efecto, sobre nosotros, sobre otros, o ambas cosas. En ocasiones las consecuencias se demoran, pero más tarde o más temprano aparecerán. En el caso de algunos pecados, el resultado es horrendo: el niño del que se abusa sexualmente, la mujer maltratada, la víctima de una violación o de un asesinato.

Con frecuencia nos acercamos al pecado al revés. Intentamos controlar o disminuir sus efectos, pero nunca nos ocupamos de su poder y su vergüenza internos.

Dios nos ama, pero si tuviera que ignorar el pecado por completo, sería injusto. No es una solución viable para el problema del pecado, porque él es perfecto. La mayoría de nosotros estaríamos a favor de que Dios pasara por alto nuestro propio pecado, pero cuando empezamos a pensar en que pudiera hacer lo mismo con el de un Hitler o un Stalin, por ejemplo, empezamos a ver la imposibilidad de que pueda limitarse a barrerlo y esconderlo debajo de una alfombra. Si Dios hiciera la vista gorda ante el mal, él mismo sería malo. Un buen Dios ha de ser recto y justo por definición.

¿La solución? Jesús.

A propósito, por si todavía no te has dado cuenta a estas alturas, Jesús es la respuesta a todo. Los niños de la iglesia lo aprenden desde el principio.

> **MAESTRA DE LA ESCUELA DOMINICAL**: Niños, hoy vamos a hablar sobre el amor. ¿Saben quién los ama más que sus padres?
>
> **NIÑOS**: ¡Jesús!
>
> **MAESTRA**: ¡Correcto! ¿Y saben quién murió por ustedes, porque los ama tanto?
>
> **NIÑOS**: ¡Jesús!
>
> **MAESTRA**: ¡Muy bien! ¡Pero qué listos son! Bueno, ahora estoy pensando en algo que ama mucho a sus bebés. A ver si lo pueden adivinar. Es negro y blanco... y nada... y come pescado... y vive en el Polo Sur...
>
> **NIÑOS**: [un silencio incómodo].
>
> **POR FIN, JOHNNY ABRE LA BOCA, UN TANTO CONFUNDIDO**: Ehhh, ya sé que se supone que la respuesta es Jesús, pero a mí me suena más a un pingüino.

Bueno... como quieras. A mí me pareció divertido.

La idea es que Jesús es la solución a todo, en especial a nuestro problema del pecado.

Por un lado, el pecado es algo importante. Pero no lo es tanto como solía ser, y no lo será en absoluto en el futuro. Deja que me explique.

El pecado es un asunto importante cuando consideras que todo pecado es rebeldía contra Dios. No es poca cosa cuando te das cuenta de que a menudo somos esclavos de nuestra transgresión, que hacemos cosas que en verdad no queremos llevar a cabo, porque algo dentro de nosotros nos controla. Es algo de suma importancia cuando echamos una mirada alrededor del mundo y vemos todo el dolor y el sufrimiento que causa el pecado. Y es un gran problema cuando nos damos cuenta de que la muerte existe, porque el pecado existe.

Pero tiene los días contados. El mal está a punto de desaparecer. La muerte de Jesús se ocupó de la culpa y del poder del pecado. Al caminar con él, pecamos menos, y, por tanto, los efectos también disminuyen.

Antes de que Jesús viniera, lo único que podían hacer las personas era esforzarse al máximo y ofrecer sacrificios periódicos para (en cierto modo) compensar su culpa. Mataban ovejas, aves y toros como símbolos de la gravedad del pecado y de lo culpables que eran.

Hoy día, esto nos puede parecer un acto de barbarie, pero era lo mejor que podían hacer. Y tú te preguntarás: *¿Qué bien podría hacer matar a un animal? ¿De qué forma podía compensar la muerte de un animal los errores de ellos?*

Exactamente.

Por esta razón tenían que ofrecer sacrificios todo el tiempo, de forma diaria, semanal, mensual, anual. Y, a pesar de todo esto, nunca trataban el núcleo central de la cuestión: su propia naturaleza pecaminosa.

El propósito de los sacrificios consistía en recordar a las personas que necesitaban una solución para el pecado. En última instancia, los sacrificios apuntaban a Jesús.

Hebreos 10 dice: «Todo sacerdote está día tras día ministrando y ofreciendo muchas veces los mismos sacrificios, que nunca pueden quitar los pecados; pero Cristo, habiendo ofrecido una vez para siempre un solo sacrificio por los pecados [...]; porque con una sola ofrenda hizo perfectos para siempre a los santificados».

Jesús fue el máximo sacrificio. Su muerte fue suficiente para todos los pecados, de todos los tiempos. Sustituyó a los sacrificios animales ineficaces e insuficientes del pasado.

Una vez más pregunto: ¿es el pecado algo importante? Teniendo en cuenta todo lo anterior, he de decir que ya no lo es. El problema ha quedado resuelto. Se ha proporcionado la solución. Se ha hallado la respuesta. Su nombre es Jesús y su esencia es la gracia.

Simplemente Jesús

Que nos acojamos a la provisión de Dios para el pecado es otro asunto, claro está. Y parte del poder y de los efectos del pecado solo podrán erradicarse por completo cuando Jesús vuelva y se ocupe del pecado y del mal de una vez por todas. Pero con Jesús basta. Jesús es suficiente.

Jesús aporta esperanza a un mundo necesitado, y esto se llama gracia. «Cuando abundó el pecado—declara la Biblia—, sobreabundó la gracia» (Ro 5.20). Él no vino a condenar al mundo: vino a salvarlo. Y si él opina que hay esperanza, si cree en la humanidad, nosotros también deberíamos hacerlo.

La solución de Jesús para el pecado fue su propia muerte,

y ahí es donde debemos depositar nuestra esperanza para el mundo. No confiamos en nuestros esfuerzos por ser buenos ni en la educación o en mejores fuerzas armadas, o en un sistema penal más eficaz. Al parecer, la mayoría de la gente de Seattle no es capaz de atravesar un atasco sin hacer un corte de manga a alguien, así que pensar que somos capaces de lograr la paz mundial si lo intentamos con más brío o educando a las personas es un tanto ingenuo. Estas son cosas que ayudan, pero no son la respuesta.

Jesús sí lo es.

Hemos de tomar conciencia de que en la vida hay otras cosas aparte del pecado. ¿Qué proporción de nuestra vida gira en torno al pecado? Todo lo malo de este mundo, desde la guerra hasta el hambre y la enfermedad es una consecuencia del pecado. Si no tuviéramos que tratar con el pecado, ¿cuánto más habría seguido avanzando la raza humana?

Este libro es una especie de manifiesto. Es un simple llamado a regresar a la fe sencilla en una persona sencilla. Jesús es la suma y la sustancia del evangelio. Es el corazón del cristianismo. Su gracia está a la disposición de todo el que la quiera. Sin restricciones. Sin límites. Sin condiciones.

Cuando Jesús murió en la cruz, nos proporcionó un camino de acceso a Dios. Resolvió el problema del pecado. Pagó por las transgresiones de todo aquel que escogiera aceptarlo.

Personas más inteligentes que yo han escrito libros sobre la doctrina de la expiación (que afirma que Jesús pagó por nuestros pecados) y la doctrina de la justificación (que declara que la muerte de Jesús es la que nos justifica). He leído mucho de lo que tienen que decir y, al contemplar la profundidad de la gracia de Dios y las implicaciones que tiene para cada uno de nosotros, me he sentido abrumado por ella. Dios no solo está *dispuesto* a perdonar a los pecadores, sino que le *apasiona* hacerlo. Incluso cuando éramos enemigos, aun antes de que hubiésemos hecho nada para merecer su amor, aun cuando él sabía que pecaríamos, él ya nos amaba. Nada es comparable a esa gracia.

No pretendo comprender la respuesta a todas las preguntas teológicas. Sinceramente, nadie puede. No se puede calcular ni cuantificar el amor infinito. No puedes encajarlo en una fórmula matemática.

Pero puedes conocer a Jesús. Él es la personificación de la gracia. Su muerte en la cruz y su resurrección de los muertos tres días después son las máximas manifestaciones de esa gracia.

Haríamos bien en dejar de centrarnos en nuestros pecados, nuestros fallos, nuestras debilidades, nuestro pasado y nuestros intentos legalistas de vivir en santidad, y disfrutar de la obra acabada de Jesús. Ahí es donde se encuentra la gracia, donde se recibe el perdón por el pasado y el poder para vivir de una forma distinta en el presente.

La gracia es tan sencilla que nos cuesta mucho creer que pueda ser verdad. Pero estoy convencido de que, a menos que sea demasiado buena para ser cierta, no sería gracia.

En mi opinión, la culpa y la autocondenación son la fuente de la mayoría de las complejidades de nuestra fe. Nos volvemos tan introspectivos y nos absorbemos tanto en nosotros mismos que nuestros fracasos se vuelven más reales para nosotros que Jesús. Esto no es sano. Es deprimente. Es morboso. Es egoísta.

La condenación es un gran motivador que no dura más de tres días. Luego se vuelve en nuestra contra. Finalmente, nuestras buenas intenciones y nuestros esfuerzos humanos no son suficientes y pecamos. No sabemos lo que queremos hacer, o hacemos lo que no queremos hacer. Entonces nos condenamos aún más, esperando que una dosis mayor de culpabilidad nos saque de nuestra rutina de pecado. Y, de este modo, el círculo vicioso continúa.

De nada sirve que nos digamos: *No pienses en todas estas cosas malas. No pienses en las drogas. No pienses en los clubs de* striptease. *No pienses en...*

No se trata de esto. Sí, es cierto que deberíamos evitar pensar en el pecado. Pero el esfuerzo por no pensar en algo es la forma más segura de no dejar de hacerlo.

Por esta razón no le dices a tu hijo pequeño: «No eches el maquillaje de mamá por el inodoro». Si no le dices más que esto, se quedará ahí, mirando fijamente la taza del váter y pensando en la fabulosa salpicadura que hará el rímel de mamá. Lo que haces es tapar el retrete, cerrar la puerta y —este es un punto clave— le das otra cosa para que se entretenga. Le enseñas algo constructivo que no tenga nada que ver con inodoros.

Se trata de dejar de pensar en el pecado. Abandonar todo pensamiento sobre uno mismo y pensar en Jesús. Volverse conscientes de Dios y no de uno mismo.

¿Sabes qué hace la ley? Nos convierte en seres conscientes de sí mismos. Y cuando alcanzamos este estado, nos transformamos en personas conscientes del pecado. Apartamos nuestros ojos de Jesús y nos centramos en nuestros fallos, nuestras debilidades, nuestros defectos. Y acabamos pecando aún más, porque ya no somos capaces de pensar en otra cosa. Pero la gracia nos hace conscientes de Dios. Cuando vivimos por gracia, el amor, la bondad y la santidad de Dios nos asombran continuamente. Pensamos en él y esto nos motiva a actuar como él.

¿Estás luchando contra el pecado? No necesitas más fuerza de voluntad. Lo que precisas es más de Jesús.

El punto focal de nuestra vida no es evitar el pecado, sino amar a Jesús.

Día del anuario

Me gradué en la *Issaquah High School* en 1997. En aquella época era la escuela secundaria más grande del Estado de Washington, con unos dos mil doscientos estudiantes. Nuestros colores eran morado y dorado, los colores más auténticos, a diferencia del carmesí y plateado. Tomen nota y arrepiéntanse los aficionados de los Cougars.

Uno de mis días favoritos en la escuela secundaria era el día del anuario. Desconozco cómo funcionaría tu escuela, pero cuando nos entregaban nuestros anuarios, nos daban medio día libre para que cada uno fuera firmando el ejemplar de los demás. Me encantaba ese día, por mucho que costara conseguir que se dijeran cosas bonitas sobre mí.

En general yo era un tipo apreciado, pero recuerdo ocasiones en las que algunos me evitaban, incluidos compañeros de mi equipo de baloncesto. Yo no sabía muy bien por qué. Tal vez me consideraban pretencioso o raro, o quizá pensaran que yo era más apuesto que ellos y se sentían intimidados. Espero que fuera esto último.

El día del anuario intercambiaba ejemplares con un par de docenas de personas y luego, cuando me iba a casa, pasaba dos horas leyendo lo que la gente decía sobre mí. Y es que todo giraba en torno a mí ¿comprendes? Eso es la escuela secundaria.

Me impresionó leer lo que algunos pensaban sobre mí. Recuerdo haber pensado: *De haber sabido que me tenían en tan alta estima, habría sido aún más valiente a la hora de compartir el amor de Jesús.*

Aún conservo mi anuario, y, no hace mucho, lo volví a leer de principio a fin. ¿Qué puedo decir? Imagino que sigue tratándose de mí. Comoquiera que sea, recuerdo a aquellas personas y no olvido cómo actuaban; me ignoraban como si no hubiera existido jamás. Y me sigue asombrando lo que pasaba por sus cabezas durante todo aquel año de silencio.

Un tipo escribió: «Judah, eres en verdad el joven más extraordinario que he conocido jamás».

¿Qué? Los muchachos de la escuela secundaria no se hablan de este modo.

Y seguía: «Eres una inspiración para mí y para todos los cristianos. Siento el mayor de los respetos por ti. Tu devoción y tu amor diarios por Jesús ayudan a todo el que está alrededor de ti».

Para tu información diré que este chico jamás me dirigió la palabra. Nunca. Para él yo estaba muerto. No sirvió a Jesús durante toda la escuela secundaria, excepto al final. Pero me observaba desde cierta distancia y me admiraba. Si yo lo hubiera sabido, me habría sentido mucho menos inseguro.

Aquí va otro: «Judah, eres probablemente la persona que más respeto en esta escuela».

Deberías haber conocido a este tipo. Es increíble.

Y prosigue: «Tienes tus creencias y te ciñes a ellas. Es asombroso».

¡Uau! Pero no era tan asombroso cuando me sentaba solo tantas veces en el comedor. No me sentía así en absoluto.

«¡Me alegra tanto haber pasado este tiempo juntos!».

Intento recordar cuándo fue. Procuré muchas veces pasar un rato con él, pero nunca estuvo disponible.

«Espero que podamos pasar un tiempo juntos o salir a jugar al golf. Llámame si necesitas a un cuarto jugador. También eres un extraordinario *quarterback*. Jugar al fútbol en segundo año fue divertido. He aprendido mucho de ti y te agradezco todo lo que has hecho por mí. Amigos para siempre».

Me recuerdo en casa, sentado en mi dormitorio, leyendo mi anuario, mirando los nombres y las fotografías, y pensando: *Es imposible que esta persona piense esto.* De haber sabido que me respetaban, si hubiera imaginado que tal o cual opinaba que yo era el joven más extraordinario que hubiera conocido jamás, habría caminado por los pasillos como una persona más maravillosa.

Me pregunto qué diría Dios si pudiera escribir en nuestros anuarios. Creo que, al imaginarnos a Dios escribiendo su perspectiva de nosotros, la mayoría de nosotros esperan lo mismo que yo de mis amigos: «¡Hey, eres un tipo genial!». «Eres un poco raro». «Tío, déjame en paz». «¡Déjate de tonterías!». «¡Espabila!».

Existe una forma en que podemos conocer la perspectiva que Dios tiene de nosotros. Se llama la Biblia, pero la mayor parte del tiempo leemos por encima las partes que hablan de la gracia y destacamos las que tratan sobre el pecado.

Si Jesús escribiera en tu anuario, creo que te quedarías pasmado al ver lo que de verdad piensa sobre ti. Me da la impresión de que vivirías de un modo diferente, porque Jesús está loco por ti. Está obsesionado contigo. Está orgulloso de ti.

Entender esto podría ayudar literalmente a tu postura. Si crees que el Dios de las galaxias y del sistema solar está furioso contigo, podría ser una carga para ti. Afectaría probablemente a tu estado de ánimo.

«¡Hey, amigo! ¿Qué ocurre?».

«Oh, el Creador de todo está enojado conmigo. Tal vez me mate de un momento a otro».

Bueno, yo también me sentiría deprimido. Desde luego, si hay una carga pesada que llevar, tiene que ser esta.

Contrariamente a la opinión popular, Dios no está enfurecido con nosotros. Es posible que le hagamos daño. Podemos entristecerlo. Pero su ira contra el pecado quedó apaciguada por la muerte de Jesús. Dios ya no sigue contemplando nuestro pecado, si hemos aceptado ese sacrificio por fe. Cuando nos mira, ve a su Hijo.

Cuando Jesús fue bautizado, Dios gritó para que todos lo oyeran: «Tú eres mi Hijo amado; en ti tengo complacencia» (Lc 3.22).

Dios se siente igual de feliz con nosotros que con su Hijo.

Y esto no es una exageración. No es una blasfemia. Es la verdad. Es la Biblia. Juan escribió: «En esto se ha perfeccionado el amor en nosotros, para que tengamos confianza en el día del juicio; pues como él es, así somos nosotros en este mundo» (1 Jn 4.17).

En otras palabras, cuando Dios nos mira, ve a Jesús. Delante de él tenemos la misma posición que Jesús. No somos

Dios, claro está, y por tanto hay una distinción. Pero en lo tocante a nuestra justicia somos tan puros como Jesús.

La gracia es un concepto difícil de aceptar por parte de nosotros, los humanoides, porque tenemos que vivir con nosotros mismos. Somos dolorosamente conscientes de nuestras debilidades y defectos. Somos, pues, por lo general, más duros con nosotros mismos. Es sorprendente comprobar cuantas personas pueden aceptar a otras, pero siguen intentando hallar la manera de admitirse a sí mismas.

Nuestro cerebro es, a veces, nuestro peor enemigo, porque la gracia no es lógica. No funciona sobre una base de causa y efecto como todo lo demás en la vida. Desde nuestra infancia aprendemos causa y efecto. Para todo efecto existe una causa. Una manzana cae. Es un efecto. *Tiene que haber una causa,* pensó el Sr. Newton. *Ergo la gravedad.*

El otro día estaba impartiendo una clase de membresía en mi iglesia y me caí de la plataforma. Tengo la costumbre de pararme con la mitad de los pies fuera del borde, y la gente suele reírse de mí por ello, pero en más de quince años de predicar de este modo, jamás me había caído. En esta clase en concreto me incliné hacia adelante para leer un versículo que se mostraba en un monitor, y la gravedad se encargó de lo demás. Fue una caída elegante, como suelen ser todas las caídas, y el único daño fue un esguince en mi orgullo. Te aviso que no encontrarás el videoclip en YouTube, porque mi equipo de medios de comunicación me ama demasiado, y porque soy yo quien les entrega el cheque de su salario. Esto también es causa y efecto.

En lo que respecta a la gracia, solo hay efecto, al menos en lo que a los humanos concierne. No hicimos nada para causarla. Ya fue provocada y deberíamos limitarnos a disfrutar de ella.

No obstante, invertimos una gran cantidad de esfuerzo intentando causarla, porque así es cómo funciona nuestra mentalidad. Somos gente de causa. Si se da un efecto sin causa, sentimos una profunda consternación, porque esto no encaja con todo lo que hemos sabido desde nuestra más tierna infancia, cuando descubrimos la gravedad de la peor manera.

Como la lógica se interpone cuando hablamos sobre la gracia, limitamos su alcance, su magnitud y su relevancia. Nos esforzamos por abarcarla dentro de nuestra humanidad, en nuestra falta de visión. Sacamos nuestros logaritmos y algoritmos e intentamos razonar la gracia.

No obstante, se trata de algo sobrenatural por definición; trasciende, por tanto, nuestra capacidad de razonar, de comprender y de calcular. Supera nuestra mente. Sobrepasa nuestro entendimiento. Los caminos de Dios son más altos que los nuestros. Sus pensamientos están muy por encima de los nuestros. Él es Dios y nosotros no.

Espacios abiertos de par en par

¿Te acuerdas de la mujer sorprendida en el acto del adulterio, aquella que los fariseos quisieron que Jesús condenara a muerte? Ella sabía que estaba muerta. Tenía claro que no había esperanza. Sus acusadores la tenían acorralada y no había salida. Su pecado la definió y la condenó.

Entonces Jesús indicó a sus acusadores que cualquiera que estuviera sin pecado tirara la primera piedra. El fariseo más viejo era más consciente de su debilidad, por lo que, con la cabeza bien erguida, se escabulló y se marchó el primero.

Luego, por orden de edad fueron desfilando hasta que, por fin, hasta los tipos jóvenes y arrogantes se vieron forzados a reconocer sus propios defectos, y también se quitaron de en medio avergonzados.

Jesús se volvió hacia la mujer.

«¿Dónde están los que te acusaban? ¿Ni uno de ellos te ha condenado?».

«No, Señor», respondió ella.

«Ni yo te condeno. Ve y no peques más».

En un instante, la mujer pasó de la condenación total a la libertad absoluta. Estoy seguro de que su postura fue diferente cuando salió de allí. Su confianza en sí misma había sido restaurada. Había hallado esperanza para una vida mejor.

Romanos 5 declara:

> Justificados, pues, por la fe, tenemos paz para con Dios por medio de nuestro Señor Jesucristo; por quien también tenemos entrada por la fe a esta gracia en la cual estamos firmes, y nos gloriamos en la esperanza de la gloria de Dios.

The Message, una versión parafraseada de la Biblia en lenguaje actual, traduce esta última parte de la manera siguiente: «Nos encontramos en un lugar donde siempre esperamos poder estar, en los espacios abiertos de par en par de la gracia y la gloria de Dios».

«Espacios abiertos de par en par», ¡qué descripción de la gracia! No acorralados ni encerrados por el pecado, sino en un espacio abierto y libre. Este pasaje afirma que hemos sido justificados a los ojos de Dios. Él nos ha colocado en un lugar que no merecíamos, un sitio de libertad y abundancia.

Durante toda mi vida he oído hablar de la gracia, pero no ha sido hasta los últimos años cuando he empezado a entender sus increíbles implicaciones. He iniciado un viaje de descubrimiento que no tengo ninguna prisa por acabar. Siento una pasión, casi desesperada, por comprender lo que la gracia significa para mi familia, mi iglesia y mi ciudad.

Estos días, cada vez que abro mi Biblia —aunque esté leyendo pasajes que he leído muchas veces antes— es como si lo único que pudiera ver es la asombrosa gracia de Dios. Cada vez que oro, solo puedo pensar en lo bueno que Dios es, en cuánto necesita Seattle saber de su bondad. Cada sermón que predico, independientemente del tema, siempre vuelve a la gracia de Dios en Jesús.

Mi misión se ha convertido en recordar a mi iglesia que Jesús sigue siendo la respuesta.

La gracia es Jesús, y Jesús es suficiente.

JESÚS ES la cuestión.

SIETE

Ven a mí

Me gusta dormir. Admitirlo no es muy espiritual, pero es cierto. Me gusta mucho dormir. El descanso y el relax ocupan un puesto muy alto en mi escala de prioridades.

Y es especialmente verdad por la mañana. Conozco a pastores que fomentan los cultos de oración muy temprano por la mañana. Por «muy temprano por la mañana» quiero decir incluso antes de que el Espíritu Santo se haya despertado. Se levantan, se visten, toman el desayuno y sobre las seis de la mañana ya están en la iglesia con la más dulce y espiritual de las disposiciones, para dirigir a su rebaño en oración.

A las seis de la mañana yo no le soy de ninguna utilidad ni a Dios ni a nadie. Tal vez excepto para el diablo, porque actúo más como él que nadie a esa hora tan impía. Mi idea de un culto temprano por la mañana ronda las diez. Ese sí lo siento. Es palabra de Dios.

Son más las iglesias donde yo he estado que los McDonald's que tú has visitado. Siempre oigo decir a predicadores cosas como: «Esta mañana me levanté a las cinco y media para orar y leer la Biblia, y fue fantástico».

Y yo pienso: *Voy a ir al infierno*. Y es que si alguien intenta despertarme a esas horas, le soltaré una palabrota. Sé que lo haría.

Si de mí dependiera, el mundo no comenzaría a una hora de un solo dígito. Los dígitos sencillos son para mi esposa y para mí, para nuestros hijos, para el desayuno, para un tiempo a solas con Dios, la familia y uno mismo. Te veré a las diez o más tarde, y seré un hombre santificado y santo, exactamente como tú esperas.

Me preguntan en muchas ocasiones: «Judah, ¿cuál es tu versículo favorito de la Biblia?».

Y, en esos casos, siempre se apodera de mí un poco de sospecha, porque tal vez sea una pregunta capciosa. Puede ser que mi versículo preferido no sea tan espiritual como el tuyo. Me pregunto: *No lo sé, ¿cuál debería ser? Dilo tú primero*.

Una pregunta que nunca me han hecho es: «¿Cuál es el versículo menos favorito?». En realidad he pensado en esto. Tal vez esté caminando sobre arenas movedizas en esto, porque es la Biblia, y se supone que debemos amar todos los versículos. Pero yo puedo decir con exactitud cuál es la escritura que menos me gusta de toda la Biblia. Es Proverbios 20.13. «No ames el sueño, para que no te empobrezcas. Abre tus ojos, y te saciarás de pan».

Este es el que menos me gusta. Si esto te decepciona, lo siento. Pero apuesto a que te ves reflejado, así que no te pongas demasiado religioso conmigo. Quizá necesites volver a leer ese último capítulo sobre la gracia.

Tampoco me gusta el pasaje donde dice que Jesús se

levantó mucho antes de que fuera de día y salió para orar. ¿De verdad? ¿Para qué tenía que ir y hacerlo? ¡Era Dios! ¿No podía levantarse tarde y alentarnos un poco a los mortales?

Así que me gusta dormir. No me encanta, porque la Biblia nos advierte que no sea así. Solo me gusta. Mucho.

Proverbios tiene otro versículo en cuando a dormir, y este es más de mi agrado. Proverbios 3.24 declara: «Cuando te acuestes, no tendrás temor, sino que te acostarás, y tu sueño será grato». Y a este es al que yo me estoy agarrando.

Hacedores y quebrantadores de la ley

Dormir es algo realmente bueno. A veces nos sentimos tan superespirituales y heridos por la vida, y lo que de verdad necesitamos es un poco de descanso. Si algunos de nosotros durmiéramos ocho horas por una vez en la vida, seríamos más como Jesús.

Quizá ya lo hayas adivinado, pero uno de mis pasajes favoritos de la Biblia tiene que ver con el descanso. Sin embargo, no se limita a alentar el reposo, sino que redefine cómo debemos vivir. Nos enseña sobre un descanso espiritual, una libertad de nuestro ajetreo, nuestra ansiedad y nuestro temor. Estos versículos han revolucionado lo que yo pensaba. Se encuentran en Mateo 11.28-30.

Venid a mí todos los que estáis trabajados y cargados, y yo os haré descansar. Llevad mi yugo sobre vosotros, y aprended de mí, que soy manso y humilde de corazón; y hallaréis descanso para vuestras almas; porque mi yugo es fácil, y ligera mi carga.

Cuando Jesús pronunció estas palabras, se estaba dirigiendo a las multitudes de personas que habían crecido bajo el sistema religioso judío. Era un régimen definido por la ley. Las personas se relacionaban con Dios a través de una ley. La relación de los unos con los otros también se regía por ella. Llevaban a cabo negocios, educaban a su familia y vivían su vida cotidiana basándose en ella.

Hoy día, cuando pensamos en el término *ley*, pensamos en restricciones impuestas por el gobierno. Pero, para Israel, la ley significaba mucho más que conducir el camello a demasiada velocidad en una zona escolar. Se refería a la ley de Moisés.

Unos mil quinientos años antes, Dios, por medio de Moisés, entregó a los israelitas una serie de leyes que se ocupaban de las cuestiones religiosas, morales y prácticas. Estaban diseñadas para ayudar a que Israel mantuviera un alto nivel moral. El pueblo estaba rodeado de naciones que practicaban cosas como los sacrificios humanos, el incesto y la prostitución ritual, de modo que la ley fue la provisión de Dios para ayudar a los israelitas a vivir una vida mejor.

Las más famosas de estas leyes fueron los Diez Mandamientos, pero solo fue el comienzo. La ley de Moisés era mucho más detallada. Afectaba a todos los ámbitos de la vida. A los israelitas se les ordenó que cumplieran esta ley hasta el más mínimo detalle, y si fallaban de algún modo, eran culpables de pecado. Pero nadie pudo observar toda la ley todo el tiempo, y tuvieron que ofrecer continuos sacrificios animales por el pecado, como ya he mencionado antes.

Para empeorar las cosas, en los siglos que condujeron hasta el tiempo de Jesús, los judíos habían añadido varios centenares de leyes adicionales a la de Moisés. Este cuerpo de leyes, básicamente tradición, pretendía ayudar a las personas a cumplir la ley original de Moisés mediante un control aún más exhaustivo de su vida cotidiana. Eran un conjunto increíblemente detallado de restricciones y estipulaciones, y el deber autodesignado de su interpretación y aplicación a la vida de todos correspondía a los fariseos.

En el último capítulo hemos debatido la vida basada en las normas en contraposición con la que se apoya en la gracia. En este punto fue donde acabó Israel. La intención de Dios al darles la ley no fue esta; fue obra tan solo de la naturaleza humana.

Pareces cansado

Odio cuando la gente me dice: «Judah, pareces cansado». Es una forma indirecta de decirme que tengo una cara horrible.

Me gustaría poder contestar: «¡Vaya, gracias! ¡Tú también te ves horrible!». Pero soy pastor, y los pastores no les dicen a los miembros de su congregación que tienen mal aspecto.

Cuando Jesús apareció en escena, la gente estaba estresada y agotada de intentar complacer a Dios. Estaba tan ocupada procurando hacer el bien para ser buena que no podía ver lo buena que era la vida. No podían disfrutar de Dios, porque nunca daban la talla, siempre necesitaban un poco más de santidad y un puñado más de buenas obras antes de que él pudiera aceptarla.

Veían a Dios como un legislador, un juez, un encargado de aplicar la ley, un policía cósmico obsesionado con mantener a las personas a raya. Por ello, como ya analizamos antes, la gente reaccionaba con tanta fuerza ante la aparente indiferencia de Jesús al pecado. Él afirmaba ser Dios, pero no le ponía las esposas a nadie. No entregaba multas de estacionamiento ni sentencias de muerte. Solo amaba a las personas y les ofrecía un acceso pleno y gratuito a Dios.

Cuando Jesús prometió: «Yo os haré descansar», la gente ahogó un pequeño grito. Era una ráfaga de aire fresco en un ambiente reprimido por la ley.

«¿Descanso? ¿De veras? ¿Qué quiere decir? Yo creía que servir a Dios era un duro trabajo».

Jesús prometió una carga fácil y un yugo ligero, una referencia al que los agricultores ponían sobre los bueyes y el peso que estos cargaban. Les estaba diciendo que había venido a hacerles la vida más fácil.

Era lo contrario a lo que habían experimentado hasta entonces. Para ellos, la ley era un yugo sumamente pesado, una carga imposible de llevar. La religión consistía en intentarlo con más fuerza y en hacer más. En lograr las cosas por sus propios méritos. El pueblo de Dios estaba formado por gente que se había hecho a sí misma, que sabía aguantarse y trabajar duro.

Suena muy parecido a nuestra cultura actual. Cristianos y no cristianos igualmente obsesionados con ser buenas personas. Nos compramos libros y DVD de autoayuda, asistimos a seminarios, buscamos asesoramiento, tomamos decisiones en Año Nuevo, escribimos en el buscador de Google nuestros defectos y nuestros malos hábitos con la esperanza de hallar una cura; estamos convencidos de que, si de verdad lo intentamos con toda nuestra fuerza, podemos perfeccionarnos solos.

Estamos agotados y con una necesidad urgente de descanso. No un reposo físico. Necesitamos sosiego espiritual.

Precisamos paz con Dios y con nosotros mismos.

La reprimenda del monte

Cuando Jesús dijo a las personas que él era la fuente máxima de descanso, creo que algo se les despertó en la mente. Sabes, no era la primera vez que les hablaba sobre cargas y ley. Pero la vez anterior no había sido tan alentador. Retrocedamos a Mateo capítulo cinco.

Mateo 5 es el principio del sermón más famoso de Jesús. Se le llama el Sermón del Monte, porque lo predicó desde la ladera de un monte para que las multitudes pudieran oírle mejor.

Esta parte en particular debería haberse llamado la Reprimenda del Monte. Está claro que algo debió de molestar a Jesús. Se explicó mejor:

> No penséis que he venido para abrogar la ley o los profetas; no he venido para abrogar, sino para cumplir. Porque de cierto os digo que hasta que pasen el cielo y la tierra, ni una jota ni una tilde pasará de la ley, hasta que todo se haya cumplido. De manera que cualquiera que quebrante uno de estos mandamientos muy pequeños, y así enseñe a los hombres, muy pequeño será llamado en el reino de los cielos; mas cualquiera que los haga y los enseñe, éste será llamado grande en el reino de los cielos. Porque os digo que si vuestra justicia no fuere mayor que la de los escribas y fariseos, no entraréis en el reino de los cielos.

Ya había captado su atención. ¿Quién podía ser más justo

que los maestros religiosos y los fariseos? Ellos eran el epítome de la religiosidad, el pináculo de la perfección. Y se aseguraban de que todos lo supieran también.

A estas alturas, el tipo común y corriente sacudía la cabeza. «¿Una justicia mayor que la de los fariseos? Ahora sí que tengo un problema».

Jesús se va calentando. No voy a citar el resto del capítulo aquí, pero es bastante fuerte. Especifica lo que significa ser justo y perfecto a un nivel práctico y cotidiano.

Su mensaje se habría podido subtitular: «Pero yo os digo». Repasa toda una lista de temas y, en cada uno de ellos, comienza diciendo: «Habéis oído que...», y a continuación cita una explicación común de la ley. Y sigue con: «pero yo os digo», y, básicamente, afirma que lo que les han enseñado —aunque estricto— no era lo suficientemente preciso. Dios quería más.

Esto era más que un fastidio. Jesús no estaba siendo quisquilloso. No tenía un mal día. Él había crecido en esa cultura y sabía cómo la gente sorteaba los mandamientos de Dios. Los había visto justificar su injusticia y santificar su pecado con huecos argumentos que parecían religiosos.

Los va a acusar. En ese mismo momento. En público. Desde la cima de una montaña.

Y comienza: «Oísteis que fue dicho "No matarás"».

Y todos pensarían: *Bueno de esta me escapo. Yo no he matado a nadie. Ganas no me faltaron tal vez, pero nunca lo hice. Soy bueno. Me he librado.*

Jesús prosigue: «Pero yo os digo que cualquiera que se enoje contra su hermano, será culpable de juicio; y cualquiera que diga: Necio, a su hermano, será culpable ante el concilio; y cualquiera que le diga: Fatuo, quedará expuesto al infierno de fuego».

La multitud se quedó en silencio. Un silencio incómodo. Se habría podido oír caer un alfiler —o una aguja de coser hecha de hueso de pescado, o lo que usaran entonces para la costura.

¿*Qué?*, pensarían. *¿Ni siquiera me puedo enojar contra mi vecino? Está claro que Jesús no conoce a mi vecino.*

Pero Jesús no ha hecho más que empezar: «Y oísteis que fue dicho "No cometerás adulterio"».

De nuevo, la gente respira tranquila. El adulterio es uno de los grandes pecados, de los más repugnantes, y ellos saben que no han perpetrado ese en concreto. *No me he enganchado con ninguna ama de casa desesperada*, piensan los tipos. *Ni siquiera voy a Hooters.* Miran a sus esposas y las tranquilizan: «No te preocupes, cariño. Nunca te pondría los cuernos».

«Pero yo os digo que cualquiera que mire a una mujer para codiciarla, ya adulteró con ella en su corazón».

Algunos de los que están más atrás casi se atragantan con su pan sin levadura. Una copia del último número de la revista *El Pescador Ilustrado*, edición bañadores, sobresale de su mochila. Los hombres se miran unos a otros diciendo: «¿Qué pasa? Soy un macho. Esto es lo que hacen los hombres. ¿Acaso no lo entiende? Así ya no hay ninguno que sea virgen. Todos somos adúlteros».

Y Jesús sigue adelante. Implacable, brutal, inmisericorde. Toca el divorcio, la venganza, los enemigos. En cada caso señala que, por muy justos que se creyeran, solo se estaban engañando a sí mismos.

Y acaba con: «Oísteis que fue dicho: "Amarás a tu prójimo, y aborrecerás a tu enemigo", pero yo os digo: "Amad a vuestros enemigos y orad por los que os persiguen"».

«¿Cómo? —Se miran unos a otros.— ¿Orar por los que me

atacan? Sí, está bien, oraré: "Señor, ¡destrúyelos a todos!". Esa es mi oración. ¿Pero de qué está hablando? ¿Amarlos? ¡Es una locura!».

La gente no está increpando a Jesús durante su sermón. No gritan «Amén» ni ondean sus pañuelos. A estas alturas ya se imaginan que la reprimenda del «Pero yo os digo» no es el típico sermón para sentirse bien. No es alentador. En realidad es totalmente deprimente.

Y, en el caso de que alguien se quedara hasta el final del mensaje sin que su santurronería se viera estremecida, Jesús pone la guinda añadiendo: «Sed, pues, vosotros perfectos, como vuestro Padre que está en los cielos es perfecto».

Se crea una impactante ronda de silencio. La gente piensa: *Ya era bastante duro ser justo antes. Apenas podía cumplir con todo lo que los fariseos me mandaban hacer. ¿Pero esto? ¡Esto es imposible!*

Exactamente.

Esa era la cuestión.

Tu rostro resulta divertido

Jesús quería que supieran que, si intentaban vivir según la ley, no podían limitarse a escoger y tomar las partes que les gustaran, con el fin de sentirse bien consigo mismos. Tenían que cumplirla toda o ninguna.

Jesús no estaba siendo cruel con ellos. Les estaba haciendo ver sus propias incoherencias. En sus prisas por ser buenos, habían procedido a una redefinición de la santidad que les permitiera observar la ley por sus propios medios. Habían movido un poco los postes de la portería. Habían hallado formas de justificarse ante sus propios ojos. Se habían engañado al pensar que podían ser perfectos.

El mayor problema de esto no era que seguían pecando. Dios estaba acostumbrado a ello. Lo peor era que ellos se creían justos. Opinaban que eran lo suficientemente buenos para entrar en el cielo por sus méritos. (Al menos la gente «buena» pensaba de este modo; los «pecadores», como vimos en el primer capítulo, habían tirado ya la toalla desde hacía mucho tiempo.) La santurronería, creerse justo, es uno de los mayores obstáculos para la relación con Dios.

En conclusión: no habían entendido la cuestión. Creían que el objetivo consistía en ser buenos y hacer el bien. Pero no se trataba de eso.

La cuestión era Jesús.

En lo más profundo de sí mismas, las personas sabían que no eran justas en modo alguno. Eran conscientes de que necesitaban otro medio. No podían cumplir jamás la ley. Jesús quería que tocaran fondo para que pudieran descubrir la gracia que Dios ofrecía de forma gratuita, a través de Jesús.

Dios sabía que Israel no conseguiría jamás observar la totalidad de la ley. Por esta razón instituyó un elaborado sistema de sacrificios desde el principio. La ley no tenía por objeto hacer que fueran perfectos, sino conducirlos a Dios.

Mientras Jesús predicaba el Sermón del Monte, las personas se dieron cuenta de que necesitaban una justicia mejor que la que tenían. Su santidad no era suficiente. Sus intentos de ser mejores eran patéticos y estaban llenos de lagunas. ¿Qué, pues, debían hacer?

Recuerda, esto es Mateo 5. Si sigues leyendo hasta Mateo

11, entenderás la idea de Jesús. Los estaba preparando para que comprendieran una verdad que los haría libres.

«Vengan a mí», les dice en Mateo 11.28. «¿Están cansados? ¿Llevan una carga demasiado pesada?». Como podrás imaginar, todos escuchaban atentos. «Venid a mí [...] y yo os haré descansar [...], porque mi yugo es fácil y ligera mi carga».

Esto era música para sus oídos. Estaban tensos y estresados. Se esforzaban por vivir una vida santa, pero aquello no funcionaba.

¿Te has preguntado alguna vez por qué ciertos cristianos son tan gruñones? Con frecuencia se debe a su preocupación por su propio pecado —o por el de los demás— que no los deja disfrutar la vida.

«Amigo —pregunta la gente—, ¿por qué estás tan tenso? Tu rostro resulta divertido».

«¡No estoy tenso! ¿Qué te hace pensar que lo estoy?», le contestas bruscamente. «Sencillamente quiero pecar, pero no puedo, y se refleja en mi rostro por lo mucho que intento no cometer pecado».

«¡Vaya! Relájate. Un poco de pecado hasta podría hacerte bien». Entonces toman nota mentalmente de no convertirse nunca en cristiano.

Si este es tu caso, hazle un favor a Dios y no anuncies que eres cristiano. No hay nada que incomode más a las personas que un cristiano estreñido.

Para Israel, la ley no pretendió jamás centrarse sí misma. Trataba sobre Jesús. Le señalaba a él. En Juan 5.39, les indicó a los fariseos: «Escudriñad las Escrituras; porque a vosotros os parece que en ellas tenéis la vida eterna; y ellas son las que dan testimonio de mí».

Jesús era el cumplimiento de la ley. Por ello, podía afirmar que había venido a cumplir el propósito de esta. Toda la ley, las profecías, y las enseñanzas que los israelitas estudiaban día tras día, apuntaban a él.

Dios quería que las personas hicieran lo mejor que pudieran, por supuesto, pero, en última instancia, deseaba que tomaran conciencia de su necesidad de un Salvador, un Mesías.

Estos mismos principios siguen siendo verdad hoy. Dios no quiere que nos limitemos a intentarlo más, a trabajar más duro y estar más ocupados. Aprecia nuestros esfuerzos, pero cuando convertimos el hacer el bien y el ser mejores en todo el objetivo de nuestra vida, cuando hacemos de la santidad un fin en sí misma, hemos equivocado el rumbo.

Casa de hipócritas

Ser cristiano no consiste en ser bueno. Es algo que tiene que ver con una relación. Con la gracia. Con Jesús. Él es la finalidad de la vida.

Y aquí es donde hace su aparición el verdadero descanso. Jamás reposaremos mientras llevemos la carga de intentar agradar a Dios con nuestras buenas obras. Es algo tan imposible como innecesario. Jesús fue el único que pudo y ya lo hizo; nosotros debemos aprender, pues, a descansar en su obra acabada.

He oído a cristianos hablar sobre el versículo «sean perfectos» que acabamos de considerar, y afirman: «¿Se dan cuenta? Con Jesús, los requisitos son aún más altos que bajo la ley. Así que, más vale que estén ocupados y que pongan en marcha el ser santos. Les queda un largo trecho por recorrer, hermanos».

Me resulta sorprendente ver cómo, algunas veces, salimos de la iglesia más obsesionados con nosotros mismos que cuando entramos. Este no debería ser jamás el resultado del evangelio. Cuando uno oye las buenas nuevas, debería obcecarse con Jesús, porque es a él a quien estas apuntan.

«No deberíamos ser como los escribas y los fariseos», advierten muchos. «No tenemos que ser hipócritas. Hemos de asegurarnos de ser más justos de lo que ellos eran».

¿De dónde sacamos estas ideas? No nos engañemos. Ya somos hipócritas. Todos los cristianos de todas partes son hipócritas. No pretendo insultar a nadie, pero piensa en ello. Si predicamos una cosa y vivimos otra, es hipocresía, por lo que todos hemos sido unos hipócritas en algún momento. Podríamos muy bien cambiarle el nombre a nuestra iglesia por el de Casa de hipócritas.

En lo tocante a la santidad, los fariseos eran profesionales. Habían memorizado los cinco primeros libros del Antiguo Testamento que incluían cientos de leyes. Se pasaban el día planeando e ideando cómo cumplir cada detalle de la ley. Como los israelitas de aquella época, la mayoría de nosotros no tenemos la más mínima oportunidad de ser tan santos como lo eran ellos, y mucho menos superarlos en santidad. Podemos darnos cabezazos contra la pared en el intento de agradar a Dios, pero no lo conseguiremos.

Yo soy el mayor de los hipócritas. La hipocresía es un riesgo laboral para los predicadores, por lo mucho que hablamos. He predicado a mi iglesia sobre la importancia de amar a nuestro cónyuge, ser pacientes y controlar nuestras palabras; sin embargo, cuando vamos saliendo por la puerta, descubro que estoy contestándole bruscamente a Chelsea.

No me estoy disculpando, porque esto está mal y me avergüenza verme luchando todavía con mi bocaza. Pero tampoco voy a adoptar una actitud de falsa humildad: «No soy digno de ser pastor. No volveré a predicar jamás». En primer lugar, jamás fui digno de ello. No se trata de mí. Todo tiene que ver con Dios, con la gracia, y con ayudar a las personas de mi iglesia y de mi ciudad para que conozcan a Jesús.

He aquí otra confesión: Hace un par de años, eché un vistazo a una página de pornografía. Para ser concretos, era un porno japonés animado. Ni siquiera sabía que existiera algo semejante. De todos modos, ¿a quién se le ocurre salir con algo así?

En mi defensa he de decir que no tenía intenciones de verlo. Al menos no en un principio. Me vi metido en la parte trasera de un avión, atravesando el Pacífico, cuando observé que el tipo que tenía delante estaba mirando dibujos animados japoneses en un DVD portátil. Me gusta el arte y ya había oído hablar de estos dibujos con anterioridad y sentí curiosidad por ver de qué se trataba; de modo que estuve mirando su pantalla entre los asientos. Parecían unos dibujos animados inofensivos... hasta que la gente empezó a despojarse de su ropa.

Para mis adentros, yo pensaba: *No debería estar viendo esto. Probablemente es algo malo.* Pero seguí haciéndolo. Fue solo para comprobar que, en efecto, era algo indebido. Estuve observando durante unos quince segundos, hasta que me obligué a dejar de mirar.

Puedes reírte. «¿Quince segundos? ¿Cuál es el problema?».

O tal vez te escandalices: «Es pastor, ¿y le costó quince segundos decidir apartar la vista de aquello? ¡Que me reembolsen lo que he pagado por este libro!».

La cuestión es que miré, aun a sabiendas de que no debía hacerlo. Después me sentí fatal por ello. Durante todo el vuelo, Chelsea ocupó un asiento en otra fila, y, cuando aterrizamos, le conté la historia.

«¿Durante cuánto tiempo miraste?», me preguntó.

«Tal vez unos quince segundos».

Hubo una pausa dramática. Después: «Está bien; estás perdonado. Pero ya puedes darte por contento de que no fueran veinte segundos, porque habría sido el final de nuestro matrimonio». Creo que me estaba tomando el pelo.

Esto ocurrió un viernes, y aquella tarde tenía que predicar varias veces. Me sentí frustrado por mi pecaminosidad. Una parte de mí quería golpearme por lo que había hecho, infligirme vergüenza a mí mismo, hasta haber demostrado lo contrito que estaba. ¿Quién era yo para predicar sobre la santidad de Dios cuando ni siquiera era capaz de controlar mi mirada durante quince segundos? Tal vez yo no era el tipo adecuado para este trabajo.

En realidad, el castigo autoinfligido en nombre de la religión hace que uno se sienta bien, en una especie de forma enfermiza. Uno tiene la sensación de estar pagando por su pecado. Es menos incómodo de esta manera. No tienes la impresión de estar tan en deuda con la gracia.

Pero esto es fútil e innecesario. ¿Por qué insistir en pagar por algo que Jesús ya compró?

Aquel fin de semana tomé la decisión consciente de descansar en la gracia de Jesús y de creer en su perdón. No era una «gracia de brillantina». No estaba negando mi pecado. No justificaba el pecado constante en nombre de la gracia.

Era la verdad. Bíblica, teológica y doctrinal. Era justo. Me habían perdonado. Mi iglesia y mi familia no necesitaban molerme a palos ni negarse a permitir que Dios me utilizara, solo porque yo no sentía que lo mereciera. Ellos precisaban que yo me esforzara «en la gracia que es en Cristo Jesús», como Pablo indicó a Timoteo (2 Ti 2.1).

Prediqué un buen sermón, si se me permite decirlo. Irónicamente, trataba de la gracia. Confesé ante toda la iglesia mi aventura de quince segundos. Algunos reprimieron un grito ahogado. Otros se sonrojaron. La mayoría apreció mi transparencia. Espero que ninguno de ellos saliera y alquilara una película de dibujos animados porno japoneses.

Yo no estaba alardeando de nada ni tampoco me estaba autocondenando. Estaba siendo sincero. Luego hablé sobre la lucha contra la condenación a la que todos nos enfrentamos. No quiero fingir ser más santo que nadie. Quiero empezar a descansar en la justicia gratuita e inmediatamente disponible para todos nosotros por medio de la fe en Jesús.

No me malentiendas; no estoy sugiriendo que nos preocupemos menos por la santidad, sino que nos ocupemos más de Jesús.

Él es quien cumple la ley por nosotros. Cuando depositamos nuestra fe en él, somos justificados. No podemos fomentar la suficiente fuerza de voluntad para ser perfectos, pero es que tampoco tenemos por qué hacerlo. Jesús ya lo hizo. Puedo decir que ha cumplido la ley en su totalidad. He observado al máximo todas y cada una de las exigencias de la ley. No lo he hecho yo personalmente, claro está, sino que lo he logrado en Jesús.

Jamás seré más justo de lo que soy hoy.

Infinito multiplicado por infinito

Cuando Dios me contempla, afirma: «Este hombre es justo». Es exactamente lo que soy y no puedo cambiarlo. Aunque no haya orado durante seis días, soy justo. Aunque esté luchando contra el pecado, soy justo. Aunque no me sienta justo, lo soy.

Algunos de nosotros necesitamos salir y conseguir un sello que diga: JUSTO, y, cada mañana, estamparlo en nuestra frente. Que te lo hagan al revés, para que cuando te mires al espejo lo puedas leer.

Nuestras buenas obras son positivas y Dios se enorgullece de ellas, y hacen que el mundo sea un lugar mejor. De modo que, por lo que más quieras, no dejes de realizarlas. Lo único es que no confíes en ellas para lograr la justicia. Esto le restaría toda la diversión al día a día.

Jesús es infinitamente justo y nosotros lo somos tanto como él. Cualquier intento por hacernos más justos por nuestras buenas obras sería, pues, como intentar superar lo infinito.

¿Recuerdas ese razonamiento de la infancia?

Quizá discutías con tu hermano sobre cuál de los dos era más inteligente.

—Yo soy mil veces más listo que tú.

—Y yo un millón de veces más que tú.

—Yo soy infinito de veces más listo.

—¿Ah, sí? Pues yo infinito más uno.

—¡No me digas! Pues yo infinito más un millón. Más uno.

—Y yo soy infinito multiplicado por infinito de veces más. ¡Ja! ¡No puedes superarlo!

No necesitamos jugar a ese juego. Si tenemos fe en Jesús y en su obra en la cruz, ya somos tan justos ahora como precisemos serlo jamás. No podemos añadir a esto ni restar de ello.

Somos lo suficientemente justos para entrar al cielo, hasta el trono mismo de Dios y pedirle cualquier cosa que necesitemos. Y esto no lo digo yo, sino la Biblia. «Acerquémonos, pues, confiadamente al trono de la gracia, para alcanzar misericordia y hallar gracia para el oportuno socorro» (He 4.16).

Proverbios declara que un hombre justo puede caer siete veces, pero se vuelve a levantar. ¿Lo pillas? Es justo, pero aun así cae. No es el registro de su senda perfecta la que lo hace justo. El tipo cayó siete veces. Es un patoso. Es un fracaso.

El hombre es justo, porque así lo afirmó Dios. Lo es, porque confía en que Dios lo justifique. Y porque se sabe justo, intenta hacer grandes cosas, locuras, y no tira jamás la toalla.

Tenemos tanta prisa por perfeccionarnos, porque creemos que tan pronto como lo consigamos, Dios nos va a amar más. Sin embargo, él jamás nos va a querer más de lo que ya nos quiere ahora. Nunca nos aceptará más de lo que lo hace en estos momentos.

Dios no se siente apurado por adecuarnos. Nuestra conducta no es su primera prioridad. Nosotros en nuestra totalidad sí que lo somos. Amarnos es su principal preocupación.

Nuestra lucha contra el pecado es noble y buena, pero no nos equivoquemos: no estamos peleando por llegar a ser justos. Ya lo somos. Sencillamente estamos aprendiendo a vivir externamente como las personas que somos en nuestro interior.

OCHO

El sentido de la vida

Con que solo seas un poco introspectivo, probablemente te habrás preguntado qué sentido tiene la vida. *¿Por qué estoy aquí? ¿De qué trata la vida? ¿Qué me proporcionará la felicidad, la satisfacción y hará que me sienta realizado?*

Tal vez fuera tarde en la noche. No podías dormir y empezaste a reflexionar en el sentido de la vida. Quizá fuera después de una pérdida o de un fracaso, y te viste obligado a preguntarte qué estabas haciendo con tu vida. O es posible que ocurriera tras un éxito largamente esperado, pero tras el que te sentiste más vacío que nunca.

La gente de todas partes medita en el sentido de la vida, pero no acaban de ponerse de acuerdo en la respuesta. ¿Trata la vida del amor? ¿De tener un hermoso automóvil? ¿De tener hijos? ¿Una mascota, quizá? ¿De tener amigos? ¿De trabajar duro para poder disfrutar del fin de semana? ¿De ahorrar para una buena jubilación? ¿Vacaciones? ¿Tener dinero en el banco? ¿De hacer una contribución a la sociedad? ¿De la paz mundial?

Nos pasamos la mayor parte de nuestra vida trabajando como locos para lograr metas que, una vez alcanzadas, resultan tener menos sustancia que un *twinkie*.

En lo referente a la búsqueda de la felicidad, el césped siempre parece más verde en el patio de al lado. Por tanto, nos obsesionamos con saltar por encima del seto. Conseguimos títulos, empezamos programas y cambiamos carreras, nos convertimos en fans de las causas de Facebook porque sabemos que la felicidad está justo del otro lado de la siguiente valla.

Haciendo alusión al profundo pensador intelectual Weird Al Yankovic, somos como Harvey, el hámster maravilla. Nos pasamos el día haciendo girar nuestra rueda frenéticamente, sin llegar a ningún lugar.

La vida es neblina

Hace algunos años, más o menos cuando empezaba en mi papel de pastor titular, nuestra iglesia se vio sacudida por varias tragedias.

En primer lugar, un pastor muy amado en nuestra iglesia, llamado Aaron Haskings, murió mientras dormía a la edad de cuarenta y nueve años. Fue una de las personas más agradables que he conocido jamás. Y fue un querido amigo de mi familia durante quince años. Tenía un corazón extraordinario hacia las personas y fue un campeón para la unidad interracial en el noroeste. Su muerte nos desconcertó a todos.

Mi padre falleció un año después, como ya mencioné en mi introducción. Si has perdido a un ser amado, entenderás mi sensación personal de pérdida. Wendell Smith era mi héroe, mi mentor y mi mejor amigo. Era más amplio que la vida: un hombre con un amor, una fe y una generosidad sin parangón. Ahora se había ido; nuestra iglesia se había quedado sin su pastor, y yo sin mi padre.

Poco después de aquello, el hijo de Aaron Haskins, que se llamaba como él, Aaron Haskins, Jr., murió de repente mientras dormía de un fallo cardíaco. Tenía veintinueve años. Había sido mi amigo desde la infancia. Ahora, su madre, Cheryl, se enfrentaba a la pérdida de su esposo y a la de su hijo, en un periodo de dieciocho meses. Es mi heroína, dicho sea de paso; su fuerza y su sabiduría, en un tiempo tan imposible, fueron asombrosas.

Un poco después, una joven de nuestra iglesia, hermosa, de talento, una músico de espíritu dulce llamada Carly se quitó la vida. Estudiaba en la Universidad de Washington. Amaba a Dios y a las personas. Su vida parecía resplandeciente. Lo que hizo que su muerte fuera aún más desconcertante.

Nuestra iglesia atravesó otras cuantas circunstancias difíciles en aquel periodo de tiempo, sin hablar de la caída de la vivienda, a nivel nacional, y de la recesión. No enumeraré todas las tragedias, pero las sentimos todas, y, en algunos momentos, seguir adelante fue como una dura lucha.

Como iglesia e individuos nos vimos obligados a considerar la brevedad de esta vida. Era como vapor: ahora aquí y, un breve lapso de tiempo después, había desaparecido.

¿En qué consistía la vida? ¿En la salud? ¿En la familia? Había orado tanto y durante tan largo tiempo por la sanidad de mi padre, y falleció. ¿Acaso el objetivo de la religión era hacer que Dios actuase como queríamos? ¿O tal vez halláramos una forma de llorar nuestra pérdida sin naufragar en nuestra fe?

¿En qué hallas el sentido a tu vida? Consigues la oficina de la esquina. Logras el bono o que te asciendan. Te casas con esa hermosa mujer o ese apuesto marido, la persona de tus sueños. Tienes ese hijo que tanto has pedido a Dios. Te mudas a esa fantástica casa en una urbanización cerrada con la que has estado soñando durante años. Te compras una casa de verano.

¿Consiste la vida tan solo en esto?

El cuervo dijo

Posiblemente se trate del libro más extraño de la Biblia —desde luego es el más deprimente—; me refiero a Eclesiastés. Lo escribió Salomón, rey de Israel y el hombre más sabio que viviera jamás. Dios le permitió tener todo lo que una persona pudiera querer: riqueza sin fin, fama mundial, poder absoluto sobre una nación, centenares de esposas y la sabiduría para administrar todo esto. Es bueno que tuviera sabiduría, porque con esa cantidad de suegras, te puedes meter en un lío con suma rapidez. Pero este es otro tema.

Salomón poseía todo el oro, la gloria y las chicas que podía desear. Entonces escribe Eclesiastés, un libro más bien inquietante en el que sigue los meandros de las cosas insignificantes de la vida. Al leerlo, uno empieza a preguntarse si su objetivo consiste en deprimirnos. Este tipo se habría llevado muy bien con Edgar Allan Poe y su lúgubre cuervo.

A pesar de ello, este libro se incluyó en el canon de las Escrituras. Dios lo quiso allí. En él hay verdad y podríamos beneficiarnos de la sabiduría de Salomón.

Este monarca era lo suficientemente inteligente para mirar a su alrededor y ver con cuánto frenesí buscan todos la felicidad. Esto ocurría hace miles de años, pero la raza humana no ha cambiado tanto. Sí, es verdad que desde entonces hemos inventado los aviones y el papel higiénico, pero nuestra psique sigue siendo la misma.

Salomón decidió, pues, dirigir un experimento a gran escala acerca de la felicidad humana. Se prestó voluntario para ser, oportunamente, el sujeto de prueba. Su objetivo, que declara al principio del libro, consiste en utilizar recursos increíbles para lograr la felicidad del modo en que todos a su alrededor lo intentaban: a través del poder, la fama, el placer, etc. Se adaptó a la filosofía de que no se puede tener demasiado de algo bueno. Si con un poco de dinero, un poco de poder y un poco de sexo uno se sentía bien, una gran cantidad de ello podría ser la máxima fuente del significado en la vida.

De modo que aquí tenemos a este hombre que tenía todo lo que un ser humano podía desear jamás, incluida la capacidad de pensar a un nivel sumamente elevado. Y, al leer Eclesiastés, uno piensa: *Oye, ¿pero qué le pasa a este tipo? ¿Por qué no es más feliz?* Su libro registra cómo se va a pique una y otra vez en cualquier intento que haga. Con cada fuente potencial de felicidad observa que el tiempo, el azar y la muerte triunfan sobre sus esfuerzos.

Estos son los dos primeros versículos del libro: «Palabras del Predicador, hijo de David, rey en Jerusalén. "Vanidad de vanidades", dijo el Predicador, "¡vanidad de vanidades, todo es vanidad!"».

Y este es el punto culminante del libro. Desde ahí, todo va bastante cuesta abajo.

El cinismo de Salomón se dirige, entre otras cosas, contra:

1. La inteligencia. «Porque en la mucha sabiduría hay mucha molestia; y quien añade ciencia, añade dolor».

2. El placer. «No negué a mis ojos ninguna cosa que desearan, ni aparté mi corazón de placer alguno, porque mi corazón gozó de todo mi trabajo; y esta fue mi parte de toda mi faena. Miré yo luego todas las obras que habían hecho mis manos, y el trabajo que tomé para hacerlas, y he aquí, todo era vanidad y aflicción de espíritu, y sin provecho debajo del sol» (2.10-11).

3. La sabiduría. «El sabio tiene sus ojos en su cabeza, mas el necio anda en tinieblas; pero también entendí yo que un mismo suceso acontecerá al uno como al otro. Entonces dije yo en mi corazón: "Como sucederá al necio, me sucederá también a mí. ¿Para qué, pues, he trabajado hasta ahora por hacerme más sabio?". Y dije en mi corazón, que también esto era vanidad. Porque ni del sabio ni del necio habrá memoria para siempre; pues en los días venideros ya todo será olvidado, y también morirá el sabio como el necio» (2.14-16).

4. El trabajo. «¡Que el hombre trabaje con sabiduría, y con ciencia y con rectitud, y que haya de dar su hacienda a hombre que nunca trabajó en ello! También es esto vanidad y mal grande. Porque ¿qué tiene el hombre de todo su trabajo, y de la fatiga de su corazón, con que se afana debajo del sol? Porque todos sus días no son sino dolores, y sus trabajos molestias; aun de noche su corazón no reposa. Esto también es vanidad» (2.21-13).

5. El poder. «No tenía fin la muchedumbre del pueblo que le

seguía [al rey]; sin embargo, los que vengan después tampoco estarán contentos de él. Y esto es también vanidad y aflicción de espíritu» (4.16).

6. La justicia. «Hay vanidad que se hace sobre la tierra: que hay justos a quienes sucede como si hicieran obras de impíos, y hay impíos a quienes acontece como si hicieran obras de justos. Digo que esto también es vanidad» (8.14).

7. El talento. «Me volví y vi debajo del sol, que ni es de los ligeros la carrera, ni la guerra de los fuertes, ni aun de los sabios el pan, ni de los prudentes las riquezas, ni de los elocuentes el favor; sino que tiempo y ocasión acontecen a todos» (9.11).

8. La educación. «Ahora, hijo mío, a más de esto, sé amonestado. No hay fin de hacer muchos libros; y el mucho estudio es fatiga de la carne» (12.12).

Confesiones de un hámster

Salomón, el hombre más sabio que vivió jamás, resume los resultados de su experimento al final de su libro. «El fin de todo el discurso oído es este: Teme a Dios, y guarda sus mandamientos; porque esto es el todo del hombre» (12.13).

Se puede afirmar con toda seguridad que ninguno de nosotros tendrá acceso a la riqueza y el poder absolutos que Salomón poseyó en su intento por alcanzar la felicidad.

Pero seguimos intentándolo.

En algún momento, necesitamos salir de la noria del roedor y echar una mirada sincera a nuestra vida. Si no somos felices con los ingresos que ahora tenemos, con nuestro trabajo, o con nuestro estado marital, jamás lo estaremos. Estas cosas no pueden convertir a una persona infeliz en una feliz.

Esto no quiere decir que los placeres de la vida no puedan aportar una cierta felicidad temporal. Desde luego que pueden. El dinero puede comprar felicidad. Resulta divertido comprar cosas nuevas, solo que no es el tipo de felicidad que dura. Luego tenemos que comprar más cosas. Las drogas y el alcohol hacen que nos sintamos felices... por unas pocas horas. Luego, nos quedamos más vacíos que nunca.

Irónicamente, el sentido de la vida no se encuentra en esta vida. Cuando Salomón advirtió: «teme a Dios y guarda sus mandamientos», estaba afirmando que la vida no consiste en ser feliz. Se trata de Dios. Centrarse en él da sentido a nuestra vida.

Temor no significa terror, sino un sobrecogimiento total. Deberíamos vivir en un estado de admiración ante la magnificencia, la hermosura y la majestad del Creador del universo. Y, en ese estado, caminamos con él, confiamos en él y le respondemos en amor.

Resulta interesante que el temor de Dios venga antes de guardar sus mandamientos. La gente que se limita a seguir una lista de leyes no siente sobrecogimiento ante Dios. Están sujetos a reglas, normas y deberes. Pero cuando se enamoran de la excelsitud de Dios, y ven su gloria y su bondad, las normas se convierten en algo secundario.

Para muchos de nosotros, esto es un tanto ambiguo. ¿Dónde está Dios? ¿Cómo lo vemos? ¿Cómo puedo sentir sobrecogimiento ante Dios?

Dios no es ambiguo. No es etéreo ni indefinido. Se revela a

sí mismo en Jesús, que es la magnificencia divina, la gloria de Dios y su máxima manifestación. Es Dios con piel.

Cuando sentimos sobrecogimiento ante Jesús, cuando reconocemos su preeminencia, descubrimos el sentido de la vida.

Algunos nos consideramos seguidores de Jesús, pero estamos experimentando un nivel de complejidad y confusión que se remonta a una sola cosa: hemos perdido de vista la fuente máxima del sentido de la vida.

Cuando estamos sobrecogidos ante Jesús, es asombroso ver lo poco complicado que puede ser el matrimonio, o llevar nuestro negocio.

La vida tiene más sentido cuando no la centramos en nosotros mismos.

Tendemos a distraernos e inquietarnos por las pequeñas cosas. Para nosotros no son insignificantes, claro está; nos parecen asuntos de vida o muerte. Es como cuando tienes un problema con tu jefe, un tipo turbio de dos caras. Y, de repente, el sentido de la vida consiste en ser mejor que él. Se trata de conseguir ascender por encima de él. Tú mereces el despacho mejor situado, no él. Estás turbado y frustrado y, antes de darte cuenta, has perdido de vista la verdadera cuestión. Crees que lo que tienes que hacer es demostrar que él está equivocado, y conseguir promocionarte y doblar tus ingresos.

Por fin dejas constancia de que tu jefe no obra bien. Lo degradan y te ascienden a ti. Consigues la mejor oficina. Ganas el doble que antes. Pero te sentarás en esa magnífica oficina y seguirás encontrando algo por lo que sentirte insatisfecho. Ahora, en lugar del jefe, es el director ejecutivo quien no te gusta. Y el ciclo continúa.

Si de verdad queremos encontrar lo que importa en esta vida, consideraremos la eternidad. Lo más importante es aquello que tiene relevancia en la vida eterna. Y ya te digo que no son los ingresos, la amistad, la fama ni el placer. Todas estas cosas están bien por sí mismas. Dios las creó y le encanta bendecirte con ellas. Pero no sobrevivirán a la muerte.

Yo amo a mi esposa, a mis hijos. Hasta me gusta mi casa, si me permites que lo diga. Pero no puedo garantizar que estarán conmigo para siempre. La vida es impredecible y breve. El tiempo, la vida y el azar tienen su forma de inmiscuirse en nuestros planes. Salomón lo demostró con gran eficiencia.

Puedes quitarme mis cosas. Puedes despojarme de mi posición. Hasta puedes arrebatarme mi familia. Pero jamás podrás apartar a Jesús de mí. Está en mi corazón. Su magnificencia, su majestad, su suficiencia, su amor por mí, todo esto durará por toda la eternidad. Él es el significado máximo en esta vida y en la venidera.

El punto focal

Disfruto del diseño de interiores. No me refiero al tipo «Hágalo usted mismo», donde te enseñan cómo restaurar muebles y a construir cubiertas. Herramientas eléctricas y listo. Yo no los molesto y ellos a mí tampoco. En lo referente al diseño de interiores, me gusta más la versión «Cómprelo usted mismo».

En el diseño interior existe un concepto al que en ocasiones se alude como *punto focal*. Toda habitación tiene su punto focal: un objeto, un muro o un rincón al que todo lo demás señala. Cuando las personas entran en el cuarto, ese punto focal las atrae consciente o inconscientemente.

Con frecuencia se trata, por defecto, de la televisión. Otras veces es una obra de arte. O la vista desde una ventana. O una gigantesca cabeza de alce disecada con relucientes ojos de cristal y una cornamenta de dieciocho puntas que mataste con un arco y una flecha en una excursión de diez días por tierra salvaje. No es lo mío, sabes, pero vivo en el noroeste y se ven cosas de este tipo.

¿Cuál es el punto focal de nuestra vida? ¿Nosotros mismos? ¿Nuestros esfuerzos? ¿Nuestras buenas obras? ¿O Jesús?

Si Jesús es el punto focal de nuestra vida, no vivimos basándonos en lo que hay sobre la tierra: lo que podemos ver, tocar, sentir y percibir. No tenemos por qué estar sujetos a las pasiones y las filosofías que tanto ama el mundo de nuestro alrededor. En vez de esto, nos orientamos y diseñamos nuestra existencia en torno a las verdades y los principios celestiales.

No pretendo ser un experto en psicología humana. En todo caso, sería el tipo del sofá y no el que está en la silla tomando notas. Pero soy una persona de sentimientos, y cuando mis emociones se dislocan, lo sé y, lamentablemente, los demás también. He descubierto cuándo ocurre, y suele ser cuando he olvidado lo que es importante. He perdido a Jesús de vista. He permitido que las presiones y las decepciones de la vida secuestren mis pensamientos.

Algunos de nosotros cantamos cánticos todos los domingos sobre lo bueno y poderoso que Dios es. Le decimos que le entregamos nuestra vida. Luego, el lunes, nos vamos al trabajo y luchamos e insistimos como si todo dependiera de nosotros. Hacemos que la vida gire en torno a nosotros: complacernos, lograr nuestras metas, hacer que las cosas ocurran por nuestra fuerza. Es un interruptor sutil e indecible que se pulsa en nuestra mente entre el domingo y el lunes, pero los resultados son claros: inquietud, depresión, temor, ansiedad, orgullo, ira, impaciencia, envidia, amargura, difamación, confusión y tensión.

No sé tú, pero yo prefiero el descanso, la paz, la claridad, el gozo y el propósito. Esta es una lista que me puede entusiasmar. Una vez que Jesús es el punto focal —una vez es la culminación de la vida y el pináculo de nuestra existencia—, todo lo demás cobra sentido. La vida vuelve a ser sencilla. Las prioridades encajan en su lugar, y regresan la paz, el gozo y el reposo.

«Vengan a mí», nos llama Jesús hoy. «Vengan a mí todos los que están cansados y cargados, y yo les daré descanso».

Jesús es la finalidad de la vida.

JESÚS ES feliz.

NUEVE

Buenas nuevas de gran gozo

Lo más extraordinario en cuanto a la familia es que siempre está ahí para ti. Irónicamente, esa es también la peor parte. Llega la Navidad y también la familia. Es inevitable. Puedes correr, pero no esconderte. Con esto no quiero faltar al respeto, pero estoy seguro de que te sientes identificado.

¿Cómo puede ser la familia algo tan dichoso y tan doloroso al mismo tiempo? ¿Cómo pueden ser tan leales y, no obstante... tan extraños?

No me estoy refiriendo a la mía, claro está, ya que la mayoría de sus miembros leerán este libro. Estoy aludiendo a la tuya. Solo estoy intentando sentir tu dolor.

Las familias son ruidosas. Invaden tu espacio personal. Te dicen que has engordado desde la última vez que te vieron. Huelen a esas galletitas saladas en forma de lazo. Se comen el último trozo que queda de pastel, ese que tú te has encargado de esconder bajo un plato de papel en el frigorífico. A las familias les parece gracioso que su niño golpee al tuyo. «Ah, le ha dado un puñetazo en la nariz y le ha hecho sangre. ¡Qué mono! Bueno, ya sabes, los niños son niños».

Para que disfrutes al leerlas, he reunido algunas citas sobre la familia de unos cuantos de mis teólogos favoritos. Las encontré *online*, de modo que me consta su legitimidad, porque todo lo que se lee en Internet es cierto.

La primera es del teólogo George Burns: «Felicidad es tener una gran familia, unida como una piña, que se preocupa por ti y que vive en otra ciudad».

Esta del teólogo Jeff Fozworthy es mi favorita: «Si alguna vez empiezas a sentir que tienes la familia más ridícula, loca y disfuncional del mundo, lo único que tienes que hacer es acudir a una feria estatal, porque a los cinco minutos dirás: "¿Sabes una cosa? Nosotros estamos bien. Si parece que seamos casi de la realeza"».

Y, finalmente, el pastor Jerry Seinfeld afirma: «No existe eso de "diversión para toda la familia"».

Juraría que se encuentra en algún lugar de Proverbios.

Castillos de arena

No pretendo meterme con la familia. Es algo maravilloso. Nos proporciona un lugar al que pertenecer, una identidad, un sentido de valor. Nuestra familia nos ama independientemente de todo. Nos alienta y cree en nosotros. Cuando se hace de la manera correcta, es la mayor fuente de gozo a este lado del cielo. Pero, en última instancia, nuestra familia no es la clave de nuestra felicidad.

Algunos vinculan su estabilidad emocional —o la falta de

ella— a la familia. Si no son felices, creen que se debe a que proceden de una mala familia o a que carecen de ella, o a que tienen un matrimonio que no funciona o hijos que no les han salido como debían. Si la familia une sus esfuerzos, serán felices.

Actuamos del mismo modo en otros ámbitos de la vida. Pensamos: *Si tan solo tuviera esta carrera, sería feliz. O si consiguiera ganar tanto dinero cada año, sería feliz.*

Todos nosotros perseguimos la felicidad y el gozo. Independientemente de lo que cada uno creemos sobre Dios o la vida después de la muerte, todos deseamos la felicidad y el gozo. Es una de las máximas metas del hombre. Thomas Jefferson denominó célebremente la búsqueda de la felicidad como «un derecho inalienable» que nos otorgó el Creador.

Desear la felicidad, la paz y el gozo no es algo incorrecto. Sin embargo, la forma en que los procuremos sí es importante. Por ejemplo, mi derecho a la felicidad no puede implicar privarte a ti del tuyo. Es probable que hayas escuchado la frase: «Mi derecho a extender el puño termina donde empieza la nariz de otra persona».

La mayoría de nosotros somos lo bastante decentes para no pisotear a nadie solo para ser felices. Nuestro verdadero problema radica en que buscamos la satisfacción en los lugares equivocados. Y acabamos vacíos. Así que, como Salomón en Eclesiastés, nos desilusionamos con la vida.

En realidad, la felicidad no es tan engañosa como la gente cree. Pero debemos comenzar con la perspectiva correcta. Hemos de darnos cuenta de que, como debatimos en el capítulo anterior, Jesús es la finalidad de la vida.

Esto es una verdad que podría cambiar tu vida: *la verdadera felicidad no puede encontrarse en nada a menos que primero se halle en Dios.*

La familia no puede aportarnos la felicidad. Los paquetes en el umbral de nuestra puerta no pueden darnos la felicidad. Ver nuestros nombres escritos con luces de neón, tampoco. Ni conseguir ese gran contrato, ni un coche nuevo, ni una nueva perforadora, ni una nueva máquina de café, cosas grandes o pequeñas, nada sobe esta tierra puede proporcionarnos la verdadera felicidad a menos que primero hallemos gozo en Dios.

Intentar hallar la felicidad en el alma aferrándonos a los pequeños placeres de la vida es como intentar construir un castillo de arena en una pulgada de agua. Cuanto más duro trabajas antes lo mezclas todo y más cosas se desploman a tu alrededor.

Dios quiere que seas feliz, pero primero has de hallar el gozo en Dios. Es necesario que te regocijes en primer lugar en las buenas nuevas de Jesucristo. Y cuando lo encuentras allí, descubrirás el gozo en cualquier otra cosa.

Jesús y el gozo

El pasaje de Lucas 2.1-20 se suele leer con frecuencia en Navidad, porque narra la historia del nacimiento de Jesús. En ese relato hay una pequeña frase que dice mucho sobre la naturaleza de Dios y del evangelio. He aquí la porción completa:

> Aconteció en aquellos días, que se promulgó un edicto de parte de Augusto César, que todo el mundo fuese empadronado. Este primer censo se hizo siendo Cirenio gobernador

de Siria. E iban todos para ser empadronados, cada uno a su ciudad. Y José subió de Galilea, de la ciudad de Nazaret, a Judea, a la ciudad de David, que se llama Belén, por cuanto era de la casa y familia de David; para ser empadronado con María su mujer, desposada con él, la cual estaba encinta.

Y aconteció que estando ellos allí, se cumplieron los días de su alumbramiento. Y dio a luz a su hijo primogénito, y lo envolvió en pañales, y lo acostó en un pesebre, porque no había lugar para ellos en el mesón.

Había pastores en la misma región, que velaban y guardaban las vigilias de la noche sobre su rebaño. Y he aquí, se les presentó un ángel del Señor, y la gloria del Señor los rodeó de resplandor; y tuvieron gran temor. Pero el ángel les dijo: No temáis; porque he aquí os doy nuevas de gran gozo, que serán para todo el pueblo: que os ha nacido hoy, en la ciudad de David, un Salvador, que es Cristo el Señor. Esto os servirá de señal: Hallaréis al niño envuelto en pañales, acostado en un pesebre.

Y repentinamente apareció con el ángel una multitud de las huestes celestiales, que alababan a Dios, y decían:

¡Gloria a Dios en las alturas,
Y en la tierra paz, buena voluntad para con los
hombres!

Sucedió que cuando los ángeles se fueron de ellos al cielo, los pastores se dijeron unos a otros: Pasemos, pues, hasta Belén, y veamos esto que ha sucedido, y que el Señor nos ha manifestado. Vinieron, pues, apresuradamente, y hallaron a María y a José, y al niño acostado en el pesebre. Y al verlo, dieron a conocer lo que se les había dicho acerca del niño. Y todos los que oyeron, se maravillaron de lo que los pastores les decían. Pero María guardaba todas estas cosas, meditándolas en su corazón. Y volvieron los pastores glorificando y alabando a Dios por todas las cosas que habían oído y visto, como se les había dicho.

Vinieron, pues, apresuradamente, y hallaron a María y a José, y al niño acostado en el pesebre. Y al verlo, dieron a conocer lo que se les había dicho acerca del niño. Y todos los que oyeron, se maravillaron de lo que los pastores les decían. Pero María guardaba todas estas cosas, meditándolas en su corazón. Y volvieron los pastores glorificando y alabando a Dios por todas las cosas que habían oído y visto, como se les había dicho.

La frase que me llama la atención se halla en las palabras del ángel que anunció el nacimiento de Jesús a los pastores. Declaró: «Os doy nuevas de gran gozo, que serán para todo el pueblo».

Jesús y el gozo siempre forman parte del mismo paquete. Y no se trata de un gozo medio, sino que es uno extraordinario.

«Buenas nuevas» es la traducción del término griego *euangelion*. (El Nuevo Testamento se escribió originalmente en griego.) Este vocablo griego también se traduce *evangelio* o *predicar* y es la raíz de la palabra *evangelización*.

En otras palabras, el evangelio consiste, por naturaleza, en buenas noticias. *Evangelio* y *buenas nuevas* son sinónimos. El evangelio no se compone de malas noticias ni de nuevas amenazadoras. No son de las que traen fuego del infierno y azufre. Son buenas noticias. Extraordinarias. Son alegres y felices. No se puede separar el gozo del evangelio, porque va incorporado a la definición misma de este. Forman, de manera literal, la misma palabra.

La respuesta a tu problema de felicidad no se halla en tomar unas vacaciones, leer un libro de chistes, hacer una siesta o escuchar a un comediante. La solución a tu problema con el gozo es el evangelio.

Jesús se ríe

Algunos no entienden cómo pueden ir juntos Dios y la felicidad. Piensan que la religión y lo divertido son básicamente opuestos. Para ellos, Dios es un aguafiestas cósmico. Un gruñón. Un cenizo. Un cascarrabias. Dios está en contra de las fiestas, de la diversión y del placer; por tanto, es la antítesis de la felicidad.

¡Nada más lejos de la verdad! Dios inventó la felicidad. Fue a él a quien se le ocurrió el concepto del humor. Creó nuestra capacidad de diversión. Construyó un mundo hermoso y nos proporcionó cinco sentidos para que lo disfrutáramos. Nuestro placer le complace. Si nos encanta ser felices y si fuimos creados a su imagen, ¡cuánto más gozo irradiará Dios!

Jesús es feliz. Desconozco qué ocurre con muchas de las pinturas y películas sobre Jesús, pero, por alguna razón, la mitad del tiempo parece un zombi. Sus ojos se ven extraños y nunca sonríe. Parece estresado, drogado o algo por el estilo.

Jesús no era así. ¿Sabes por qué lo afirmo con tanta seguridad? Porque a los niños les encantaba estar con él. A los pequeños no les gusta la gente horripilante. No les gustan los cascarrabias. Sin embargo, había tantos niños que querían acercarse a Jesús que sus discípulos se sintieron en la obligación de prohibírselo.

La Biblia afirma sobre Jesús: «Has amado la justicia, y aborrecido la maldad, por lo cual te ungió Dios, el Dios tuyo, con óleo de alegría más que a tus compañeros» (He 1.9). Jesús fue el tipo más alegre de todos. Contaba chistes. Gastaba bromas a la gente. Se reía.

Para algunos, pensar en Jesús riéndose les parece irreverente, como si la alegría significara que no era santo, o algo así. Hay una frase que he oído por ahí con la que discrepo del todo: «A Dios le preocupa más nuestra santidad que nuestra felicidad». En mi opinión, la santidad es la clave de la felicidad, y creo que la segunda puede ser la más pura expresión de la primera. En realidad, no se pueden separar.

La Biblia está llena de palabras como *gozo, regocijarse, bendición, felicidad y paz*. La felicidad es el resultado de conocer a Dios y de experimentar su amor. Una y otra vez, cuando la Biblia describe lo que significa ser un verdadero seguidor de Dios, utiliza el término *bendito o bienaventurado*. Este vocablo se puede traducir *feliz* o *complacido*. La fe auténtica produce felicidad, placer, disfrute y bendición.

Pies alegres

En Isaías 52.7 tenemos un pasaje poético que declara: «¡Cuán hermosos son sobre los montes los pies del que trae alegres nuevas, del que anuncia la paz, del que trae nuevas del bien, del que publica salvación, del que dice a Sión: Tu Dios reina!». Este versículo habla de lo maravillosa que es la persona que lleva buenas nuevas a quienes necesitan oírlas. Los mensajeros portadores de buenas noticias tienen hermosos pies. Tienen pies alegres.

La mayoría de las personas que lean este libro no serán pastores, pero como yo sí lo soy, me voy a meter un poco con mi propia especie. Hace un par de años estaba estudiando el pasaje que he citado de Lucas 2, preparando un mensaje de Navidad, cuando, de repente, me di cuenta: mi propósito principal como predicador es declarar las buenas nuevas, noticias que produzcan gran gozo en las personas.

Fue un cambio de paradigma. No es que antes de este momento me subiera al púlpito y le gritara a la gente —soy un buen tipo—, pero creo que me asustaba predicar un evangelio demasiado bueno.

En ocasiones, los predicadores sentimos que debemos equilibrar las buenas y las malas nuevas. Intentamos compensar los pasajes realmente buenos con algo ominoso.

Más vale que no lo presente como algo demasiado bueno, no sea que abusen de ello, pensamos. *Van a hacer un mal uso. La gente lo va a malinterpretar. Si les digo que Dios ha acabado la obra, que los ha redimido y aceptado, que los ama y que no está enfurecido con ellos, que perdona todo el pecado, pasado, presente o futuro, tal vez empiecen a actuar de una forma descabellada. Es mejor que mantenga el equilibrio.*

Luego, cuando empezamos a predicar, hablamos largo y tendido sobre el horror del pecado y lo chivato que es el diablo, nos quedamos sin tiempo para llegar a las buenas nuevas. Entonces intentamos apretujarlo y meterlo como podemos en nuestra oración de cierre, pero, a esas alturas, ya es demasiado tarde.

Es algo muy parecido a la rutina del *poli* bueno, *poli* malo, solo que nosotros desempeñamos ambos papeles. Nuestra congregación no sabe qué esperar de su pastor bipolar cuando aparecen. La semana pasada, el sermón trataba el amor y la gracia, y esta gira en torno al fuego, el temor y los espíritus inmundos. Y nuestra gente piensa: *¡Vaya! Creo que alguien se ha levantado hoy con el pie izquierdo.* Si han invitado a alguien por primera vez esa semana, se disculpan. «Normalmente no es así. Suele ser más divertido. Y... más alegre». Y deciden orar por su pastor, porque es evidente que está bajo un gran estrés.

Entender que el evangelio consiste en buenas nuevas debería ayudarnos a todos a ser un poco más alegres, gente con la que resulta agradable pasar el rato. Predicar y evangelizar no es más que compartir las buenas noticias con las personas. A algunos de nosotros nos apasiona hablarles a otros de Jesús, pero los asustamos, porque nunca aprendimos a sonreír. Los suspendemos sobre el infierno y luego nos preguntamos por qué no quieren saber nada de nuestro evangelio. Si afirmas predicar el evangelio, pero no hay gran gozo, yo diría que en tu evangelio hay un problema.

No quiero ser una persona a la que le preocupe más si un tipo fuma o consume drogas que si se siente amado. No quiero ser un pastor que predique amor y aceptación, pero que evite al adolescente miembro de una banda que merodea por la puerta de la iglesia. Me niego a pertenecer a una iglesia que trate a una mujer de un modo distinto porque se le haya ocurrido entrar a la iglesia con un vestido que deja bastante piel descubierta. ¿Sabes? Los escotes no intimidan a Dios. ¡Toma esa, religión! Tal vez sea el único vestido «bonito» que tenga. Quizá todas las mujeres que conozca se vistan de ese modo. Es posible que esté desesperada y que piense que si no halla un amor y un gozo auténticos hoy le pondrá fin a todo.

No estoy abogando por la dejadez o por la sensualidad en la iglesia, sino por una iglesia que refleje la vida real, donde gente real con problemas de verdad pueda venir y encontrar esperanza y gozo. Quiero que los miembros de mi iglesia les den la bienvenida a todo el mundo: al homosexual, al heterosexual, al rico, al pobre, al bueno, al malo y al feo. Quiero que mi iglesia sea un lugar donde puedan acudir todo tipo de personas, cualquiera que sea su origen, sus problemas, sus defectos, adicciones y ataduras, y que tengamos que «arreglarlas» antes de que puedan sentarse en la primera fila.

Esto es el evangelio: buenas noticias para todos. No son buenas nuevas tan solo para aquellos que ya son buenos, para quienes poseen el dominio propio y la disciplina suficientes para tener «todos los patos en fila» (todo en orden), como reza el dicho. Se trata de buenas nuevas hasta para quienes ni siquiera consiguen encontrar sus «patos». Los que llevan años sin ver a sus «patos». Su vida es un caos. Pero pueden venir a Jesús y ser aceptados al instante. Le pertenecen desde mucho antes de creer, de comportarse como es debido.

—Amigo, yo no pertenezco a este lugar.

—Seguro que sí.

—No, mira lo bien vestidos que están todos.

—Así es como se sienten cómodos. No les importa tu atuendo. Ni siquiera lo notarán.

—Tengo que salir a echar un pitillo.

—No hay problema. Te guardo el asiento.

—¿Podemos venir mi pareja y yo a tu iglesia? ¿Nos aceptarán?

—¡Por supuesto! Siéntate aquí conmigo. Estás entre amigos.

A alguno de nosotros, una vocecilla interna nos preguntará: *Bueno, ¿cuándo vas a llevar a tu amigo a Jesús? ¡Es necesario que sea salvo!*

Te voy a dar un consejo. A Jesús se le da muy bien salvar a las personas. A mí, no. Voy a dejar, pues, que él se encargue, si te parece. Yo sólo me aseguraré de que mi amigo sepa que su sitio lo tiene aquí.

Por favor, no me malentiendas. No estoy diciendo que no deberíamos hablarle jamás a la gente sobre Jesús. De hecho, estoy convencido de que, cuando captamos la bondad de Dios y estamos llenos del gozo de su salvación, no podemos mantener la boca cerrada. Les contaremos de Jesús, porque él ha cambiado nuestra vida. Lo haremos desde el amor y la compasión genuinos, porque sabemos que sin Jesús estaríamos en el mismo barco que ellos, y queremos que experimenten la felicidad que hemos hallado.

Esto es mucho más atractivo para las personas que meterles la salvación a la fuerza, porque nos sentimos culpables de su destino eterno.

A veces nuestro acercamiento me recuerda esa profunda obra maestra del séptimo arte, *Nacho libre,* o *Super Nacho.*

NACHO: En estos momentos estoy un tanto preocupado por la salvación y todo eso. ¿Cómo es que no te has bautizado?

ESQUELETO: Porque nunca me he decidido, ¿vale? No entiendo por qué tienes que andar siempre juzgándome, porque solo crea en la ciencia.

Y nos acercamos sigilosamente por detrás de ellos y les hundimos la cabeza en un bol, y nos sentimos mejor con nosotros mismos. Hemos cumplido con nuestro deber religioso.

Pero ellos no han cambiado. No han tenido un encuentro con Jesús. No han conocido el gozo.

Verlo todo negro

No son solo los predicadores quienes se centran más en las malas nuevas que en las buenas. Enciende el televisor a la hora del informativo local; las malas noticias abundan en nuestra cultura y en nuestra sociedad. En lo tocante a la vida en general, estamos acostumbrados a las malas noticias. Nos sentimos cómodos con ellas. Muchos de nosotros hasta las esperamos. He conocido a enfermos que disfrutan con ellas. Buscan ese mal que viene por un bien, según el refrán. Si tu nivel de gozo es bajo, pregúntate qué tipo de noticias estás escuchando.

Dios es la contracultura. Él trae las buenas nuevas. El anuncio del ángel a aquellos pastores fue la buena nueva más extraordinaria que este planeta oyó jamás. Los pastores se lo imaginaron. Por esta razón, la bombearon fuera de su mente.

Por naturaleza, los seres humanos desconfían de lo que parece ser demasiado bueno para ser cierto. De una vez por todas, dejemos que se arraigue en nuestro corazón la idea de que Jesús es demasiado bueno para ser verdad. Lo mismo ocurre con la salvación, la gracia y el cielo. Son demasiado buenos para ser ciertos.

El pecado o la hipocresía no son una de las mayores acusaciones en contra de los cristianos. Es nuestra falta de gozo. Algo no funciona cuando nos autodenominamos cristianos pero casi nos provocamos un aneurisma al intentar esbozar una sonrisa.

Algunos se toman demasiado en serio. Se lo toman todo demasiado en serio: su pelo, la seda dental, las equivocaciones de su cónyuge, su tarea de la escuela.

Hasta se toman demasiado en serio sus bromas. ¿No te ha ocurrido nunca que alguien te cuente un chiste y esté todo el tiempo diciendo: «Oh yo... no puedo... no era así... Me estoy liando con el final... Lo he arruinado por completo. Soy malísimo contando chistes. ¿Pero por qué lo hago? ¡Oh, Dios mío! ¿Cuál es mi problema? Acabo de... he estropeado el chiste. Lo siento».

¡Hombre, solo es un chiste! No te lo tomes tan en serio.

Algunos se toman su pasado, su presente, su futuro, demasiado en serio.

Podemos ponernos demasiado serios con respecto a la vida, y esto en realidad se refleja de una manera muy pobre en el evangelio, porque este, por definición, consiste en buenas nuevas. En él no hay nada malo ni triste. Solo son buenas noticias.

Piensa en ello. Si he predicado sobre el amor, el gozo y la felicidad desde el púlpito, pero mis hijos siempre van por ahí tristes y abatidos, sin mirar a la gente a los ojos, sin hablar con nadie, llegará el momento en que todos se pregunten en qué me he equivocado. Las actitudes de mis hijos son un reflejo directo de mí como padre.

Hay personas que piensan que andar con una cara larga, recitando toda una lista de sufrimientos, los hace más espirituales, pero no es así. Solo los convierte en compañía desagradable. Desde luego, no hace que otros quieran escuchar lo que tengan que decir sobre Dios.

Predico buenas nuevas y no voy a pedir disculpas por ello.

Las buenas noticias sobre Jesús producen gozo en el corazón de las personas. Sustituyen la depresión, la condenación y la falta de esperanza por gozo, fe y esperanza.

«Os doy nuevas de gran gozo que serán para todo el pueblo». Esto es el evangelio. El gozo es fundamental. Es un imperativo.

El gozo del Señor

La Biblia afirma, en Nehemías 8.10: «No os entristezcáis, porque el gozo de Jehová es vuestra fuerza». No dice que el ejercicio es nuestra fortaleza, ni el trabajo duro, ni que nos toque la lotería. Ni siquiera dice que el gozo es nuestra fuerza. Nuestra fortaleza es el gozo que viene del Señor.

Algunos de nosotros estamos agotados y pensamos que tal vez se deba al exceso de trabajo, o a que no estamos durmiendo lo suficiente. Empezamos a tomar píldoras para dormir y compramos un colchón inteligente capaz de tener hasta un coeficiente de inteligencia inconmensurable; intentamos conseguir algo de descanso. A pesar de ello, nos sentimos aletargados. Nuestra fuerza parece desintegrada.

El problema no radica en la falta de sueño, sino en la carencia de gozo. Nuestra fuerza va conectada a nuestro gozo, y, este, al evangelio en el que creemos.

No estoy fomentando un falso gozo, el tipo de gozo de sonrisa para la cámara que no llega más allá del bótox que te hayas inyectado. No se trata de forzar la risa y las palabras joviales, para parecer espirituales.

«Bueno, he leído este libro que dice que tengo que estar

gozoso. Sabes, es que el gozo es parte del evangelio. Y quiero que se me vea como alguien que cree en el evangelio, pero si no sonrío lo suficiente dejaré en mal lugar a Dios». Y nos reímos, y sonreímos, y chocamos esos cinco con todos, pero en casa somos más gruñones que ogros con hemorroides.

El gozo del Señor es auténtico. Cala hasta el corazón mismo de quiénes somos y nos mantiene en un estado perpetuo de paz y felicidad. El gozo del Señor nos fortalece, nos calma y nos sostiene.

La verdadera felicidad es un estado, y no tan solo una emoción pasajera. Aun cuando las circunstancias externas sacuden nuestras emociones por un tiempo, somos capaces de fortalecernos confiando en el Señor.

David elevó una oración que se recoge en el Salmo 51: «Restaura en mí el gozo de tu salvación». Muchas veces se suele citar de forma incorrecta: «Restaura en mí el gozo de mi salvación». No es mi salvación, sino la de Dios. Yo no soy quien la origina ni su creador. Es su obra de gracia. Su iniciativa.

Existe un estado de gozo perpetuo que viene con el evangelio. Independientemente de las situaciones que estemos atravesando, de las circunstancias que estemos afrontando en estos momentos, cuando comprendemos el evangelio, esto nos mantendrá en un estado de alegría y gozo.

El evangelio y el gozo van en el mismo paquete. Es el *Happy Meal* original. En la caja se puede leer: «Gozo gratuito en el interior. No requiere montaje».

Es la gracia de Dios, su gozo y su fuerza, y tenemos acceso libre y completo a ello. No se puede mejorar.

DIEZ

Con nosotros y por nosotros

Bubba Watson es uno de mis buenos amigos. Nos conocemos desde hace ya algunos años. Me gusta el golf, y como Bubba es un golfista medianamente bueno, hemos jugado varias veces juntos.

Por si no lo has pillado, Bubba ganó el Torneo Masters de Golf en el 2012. Acabo de verificarlo y, en la actualidad, ostenta el cuarto puesto del *ranking* mundial de golf. Esto significa que, entre seis mil millones de personas en todo el planeta, él es el cuarto. En los Estados Unidos es el número uno.

Cuando hemos jugado juntos, Bubba o yo hemos llevado con frecuencia a otros amigos. Como podrás imaginar, muchos de ellos se ponen terriblemente nerviosos. Me divierte en gran manera. Así de malo soy.

La gran razón de su nerviosismo radica en que sienten que tienen que impresionar a Bubba con su forma de jugar al golf. Esto es, por supuesto, irrisorio. Hagas lo que hagas en el campo de golf, te garantizo que Bubba lo puede mejorar. Tu pequeña pelotita de golf, aun en el golpe más largo y directo de toda tu vida, se quedará en la mitad de la calle, saludando a la de Bubba que vuela por encima de las cabezas y aterriza a unos ciento treinta y siete metros más abajo.

Yo les aconsejo a mis amigos: «Relájense. Es imposible impresionar a Bubba con sus aptitudes para el golf. Eso no va a ocurrir, y, por cierto, él no está criticando su forma de jugar. Es mucho más grande que todo eso. Así que diviértanse. Disfruten del juego y de la experiencia. Ríanse de sus equivocaciones, porque no tienen importancia.

He observado que, algunas veces, intento impresionar a Dios. Y lo gracioso es que mi bondad es aún más irrisoria que mi forma de jugar al golf.

¿Acaso creemos que podemos impresionar a Dios con nuestro amor, nuestros actos de justicia, nuestros sorprendentes sacrificios? ¿Te parece que Dios se va a poner en pie de un salto y va a decir: «¡Oh, Dios mío! ¿Han visto eso, ángeles? ¿Alguien lo ha grabado? ¡Ni siquiera mi Hijo puede hacer algo así! ¡Uau!».

Nos pasamos tanto tiempo intentando pagar el precio a Dios, para impresionarlo. «¿Lo has visto, Dios, lo has visto? ¿Has visto lo que he hecho? ¿Me amas más ahora? ¿Responderás ahora más a mis oraciones?».

Noticias de última hora: todo lo que tú puedas hacer, Jesús lo hace mejor.

Solo hay una persona que impresiona a Dios, y es Jesús. Si quieres deslumbrar a Dios, confía en Jesús. Cuando depositas tu fe en él, tu vida se esconde en Cristo. Jesús la envuelve. Cuando Dios te mira, ve a su Hijo. Entonces es cuando exclama: «¡Uau!».

Dios no critica lo que hacemos. No juzga nuestra conducta. No cataloga nuestros pecados para futuras referencias. Todo esto quedó eliminado cuando pusimos nuestra fe en Jesús. Estas sí que son buenas noticias, porque ahora podemos disfrutar de la vida. Jesús lo hizo, y fue feliz. Ciertamente hubo momentos en los que estuvo triste, pero aun en medio de su congoja, su confianza en el amor del Padre fue inamovible.

Pertenece, cree, compórtate

Una de las razones por las que el evangelio es tan bueno es que trata más sobre Dios que sobre nosotros. Y estas son buenas noticias, porque Dios es mucho más digno de confianza que nosotros.

Parte de nuestro problema estriba en que pensamos demasiado bien sobre nosotros. Cuando más nos obsesionamos con nuestros problemas, nuestras debilidades y nuestras deficiencias, más los perpetuamos. Resulta irónico, pero es cierto.

El evangelio no consiste en diecisiete pasos para llegar hasta Dios. Eso serían malas noticias, porque ya encontraríamos la manera de embrollarlo.

El evangelio consiste en que Dios nos alcanza a nosotros. Por esta razón se trata realmente de buenas noticias. Lo sorprendente es que cuando nos centramos en su bondad, su poder y su gracia, estas diecisiete cosas empiezan a ocurrir en nuestra vida, por sí solas. Apenas nos damos cuenta de lo que está sucediendo, pero los resultados son evidentes. Empezamos a cambiar; comenzamos a ser más como Jesús.

El evangelio es lo contrario a la religión, al menos tal como muchos la viven. La religión predica que la obediencia produce aceptación. El evangelio enseña lo contrario: la aceptación provoca la obediencia.

La religión declara: «Compórtate, cree y entonces pertenecerás». Este es el orden que muchos de nosotros hemos conocido a lo largo de toda nuestra vida. «Primero tengo que actuar de forma correcta, pensar y hablar correctamente, y entonces encajaré. Luego, perteneceré».

El evangelio afirma lo contrario: «Pertenece, cree y, entonces, compórtate». Otra forma de decirlo sería: «Gracia asombrosa, gran fe, buenas obras».

Efesios 2.8-10 manifiesta: «Porque por gracia sois salvos por medio de la fe, y esto no de vosotros, pues es don de Dios; no por obras, para que nadie se gloríe. Porque somos hechura suya, creados en Cristo Jesús para buenas obras, las cuales Dios preparó de antemano para que anduviésemos en ellas».

Observa el orden divino. En primer lugar viene la gracia, luego la fe, después las buenas obras. Muchos de nosotros lo tenemos al contrario en nuestra mente. Creemos que nuestras buenas obras deben estar en primer lugar. Hemos de impresionar a Dios para que nos acepte. Tenemos que merecerlo. De modo que nos obsesionamos con nuestros currículos espirituales e intentamos demostrar al Dios que inventó la física cuántica lo inteligentes que somos.

Muchos de nosotros nos hemos tragado esta filosofía que llamamos evangelio, pero que en realidad no es más que religión. Son obras vacías. Y pensamos: *¿Gran gozo? ¿En cuanto a qué? ¡Si el evangelio no es más que un montón de trabajo!*

Seguimos viviendo según la base de que por obedecer soy

aceptado. Esto no produce ningún gozo. Desde luego no hay nada asombroso en ello. ¿Qué hay de sorprendente en la idea de ser aceptado porque me comporto bien? Esta es la forma de pensar humana. Así es como funcionan la sociedad y la cultura. No es de extrañar que no haya gran gozo alguno relacionado con el evangelio en el que profesamos creer.

Algunos de nosotros tratamos la vida como si fuera una ronda de clasificación para el Torneo Celestial Profesionales/Amateurs de Golf. Si podemos jugar medianamente bien, si podemos impresionar al Gran Hombre con nuestra técnica y nuestra forma de jugar, si podemos hacerlo mejor que la mayoría de los demás cristianos, conseguiremos ir al cielo. Pero, claro está, hacemos tres sobre par en el primer hoyo, y luego nos pasamos los diecisiete siguientes enfurecidos con nosotros mismos por echarlo todo a perder.

Dios no quiere que convirtamos nuestra vida en continuos esfuerzos *amateurs* por conseguir la santidad. Quiere que disfrutemos. Después de todo, solo tenemos una. El pecado intentó arruinarla y el diablo procuró robarla, pero Dios descendió por su propia iniciativa, en su propio poder, basándose en su propia justicia y motivado por su propio amor, y nos salvó. ¡Qué buenas noticias! Si esto no te entusiasma, más vale que vayas empezando a buscar un ataúd que comprarte, porque puede que estés muerto.

Feliz y santo

Con todo esto no quiero decir que deberíamos seguir pecando. ¿Para qué querríamos hacerlo? ¿Por qué decepcionar intencionadamente a aquel que más nos ama? ¡Qué ridículo sería pecar a propósito, sabiendo que el pecado costó la vida de Jesús, que produce dolor y muerte y que sabotea la vida feliz y bendita que Dios creó para nosotros!

Los mandamientos de Dios están todos motivados por su deseo de que seamos felices, de protegernos y de bendecirnos. Incluso su corrección y sus represiones son muestras de su amor.

Cuando seguimos el verdadero evangelio, hasta los preceptos y las restricciones divinas aportan gozo a nuestro corazón. Nos muestran el sendero de la vida. Nos enseñan a evitar las trampas. Nos proporcionan sabiduría.

Cuando dejamos de sentirnos inseguros por nuestra forma de actuar y, en vez de ello, confiamos en la obra acabada de Jesús, somos libres para vivir un nuevo tipo de santidad, una internamente motivada, potenciada por el amor y no por la culpa. «Pues este es el amor a Dios, que guardemos sus mandamientos; y sus mandamientos no son gravosos», escribió el apóstol Juan. «Porque todo lo que es nacido de Dios vence al mundo; y esta es la victoria que ha vencido al mundo, nuestra fe» (1 Jn 5.3-4).

Es verdaderamente increíble: cuando dejamos que Jesús nos ame y aprendemos a amarle en reciprocidad, se produce la santidad. Pero cuando nos obsesionamos con nuestro pecado... ocurre todo lo demás. Ya sabes a qué me refiero. Lo leo en los adhesivos de tu parachoques.

Creo que *cristiano agrio* debería ser una contradicción conceptual. Como ya expliqué anteriormente, la santidad tiene como resultado la felicidad y esta, a su vez, es una expresión de santidad. Ambas van juntas. Soy más feliz porque soy santo, y resulta más fácil ser santo porque soy feliz. Por las buenas nuevas, por Jesús, puedo ser santo y a la vez feliz; ¡qué concepto!

¿Nos estás hablando a nosotros?

El evangelio consiste en buenas nuevas, porque se puede resumir en la frase: «Dios está con nosotros». Mateo 1.23 cita un pasaje profético del Antiguo Testamento: «He aquí, una virgen concebirá y dará a luz un hijo, y llamarás su nombre Emanuel, que traducido es: Dios con nosotros».

Esto es el evangelio: Dios está con nosotros. Jesús es Dios en la carne, aquí en la tierra, pasando tiempo con los pecadores.

Resulta fascinante ver que las primeras personas que oyeron hablar sobre el nacimiento de Jesús fueran pastores. Por la naturaleza de su trabajo, eran incapaces de cumplir algunas partes de la ley ceremonial religiosa, incluidos los rigurosos lavamientos de manos. De hecho, los religiosos de la época los menospreciaban, precisamente por no poder cumplir jamás la ley por completo.

El ángel vino a aquellos que no tenían la posibilidad de observar la ley en su totalidad y les dijo que alguien había venido para cumplirla en su lugar.

«¿Nosotros? ¿Nos estás hablando a nosotros?», debieron de preguntar los pastores al ángel.

«Claro, a ustedes, quebrantadores de la ley. Este niño os es nacido. Es un regalo para vosotros. Es para ustedes. Está con ustedes».

No es de extrañar que los pastores estuvieran tan entusiasmados. Pensarían: «*¿Será una equivocación? Apuesto a que pretendían ir a casa de uno de los rabinos. Tal vez no les haya funcionado bien el GPS o algo por el estilo. Nosotros ni siquiera cumplimos la ley; ¿por qué vienen a nosotros?*».

Para poder apreciar verdaderamente la relevancia de esta frase: «Dios con nosotros», es preciso que comprendas que vivían en un periodo de tiempo en el que Dios no estaba fácilmente disponible. Pero ahora, de repente, estaba en medio de ellos. El Dios santo, recto, perfecto y justo había descendido a vivir con pecadores, con gente que no podía cumplir la ley. Podrían verlo, oírlo, tocarlo. Estaba con ellos.

Aunque Jesús se encuentra ahora en el cielo, vivimos bajo un nuevo pacto, una nueva disposición entre Dios y el hombre que Jesús instituyó por medio de su muerte y su resurrección. No vivimos bajo la ley que mantenía separados a Dios y al hombre. El nuevo pacto instituido por Jesús afirma que Dios estará siempre con nosotros. Es su promesa a la humanidad. Siempre estará disponible para nosotros.

Esas son las buenas nuevas del evangelio.

JESÚS está aquí.

ONCE

Aquel al que amas

¿Alguna vez, en el acaloramiento del momento, has dicho algo de lo que después te has arrepentido?

Hace doce años que Chelsea y yo nos casamos. Unos cuantos meses antes, pasamos por el asesoramiento premarital que, supuestamente, te prepara para el matrimonio. ¡Como si algo pudiera hacerlo!

Por cierto, una de mis preguntas favoritas para las parejas comprometidas es: «¿Están preparados para casarse?». Lo típico es que el tipo abra la boca y responda: «¡Claro!». Y tú estás convencido de que lo más seguro es que no lo estén en absoluto.

Pero en nuestro intento por estar lo más preparados para ello, Chelsea y yo leímos un libro titulado *Los cinco lenguajes del amor,* del Dr. Gary Chapman. Fue muy útil.

El Dr. Chapman afirma que cada persona tiene uno o más «lenguajes del amor». Mostramos nuestro amor por los demás haciendo uso de estos lenguajes, y también nos sentimos amados cuando otros emplean el lenguaje que preferimos. Los cinco son: actos de servicio, palabras de afirmación, regalos, contacto físico y tiempo de calidad.

Todos tenemos un lenguaje máximo de amor, según este libro, y, después tal vez pueden ser tres principales. Los tres míos van en este orden: palabras de afirmación, contacto, y luego más contacto. Apuesto a que algunos hombres se pueden identificar con esto.

Al crecer tuve gran influencia de mi madre y mi hermana mayor. Los tres lenguajes del amor de mi madre eran actos de servicio, actos de servicio y actos de servicio. Indiscutible. Con mi hermana también es fácil hacerse una idea: regalos, regalos, regalos. Como estas fueron las mujeres alrededor de las cuales crecí, empecé a pensar: *Así son las mujeres: actos de servicio y regalos*.

Los cinco lenguajes del amor también afirma, y en mi opinión está en lo cierto, que tendemos a dispensar el tipo de amor que deseamos. De modo que allí estaba yo, más o menos en el primer año de nuestro matrimonio, deshaciéndome en palabras de afirmación. Intentando tocar a mi esposa, ya sabes, y jugar al pilla pilla. Y haciéndole regalos, comprándole cosas, pero no parecía hacer mella en ella.

Una tarde, todo llegó a un punto decisivo.

Llegué a casa y debía de haber estado jugando al golf o algo. Había sido un buen partido, y estaba pensando: *Va a ser una noche estupenda. Prepararemos la cena, haremos algo más y va a ser una gran noche.*

Entré a casa y de inmediato me di cuenta de que Chelsea parecía un tanto distante, un poco molesta. Finalmente, empecé a preguntarle:

—Cariño, ¿ocurre algo? ¿Qué te sucede?

—No, no ocurre nada. Nada.

Ahora bien, cuando una mujer afirma que no ocurre nada, eso significa que todo está mal, pero que no sabe por dónde empezar. Esto lo he descubierto a las malas, así que hazme caso.

—Nada.

Ya; y yo me lo creo.

De modo que sigo insistiendo:

—No, cariño, de verdad... dime qué te ocurre.

Las cosas empiezan a intensificarse. ¡Ella es tan emocional! Yo soy razonablemente estable, ya sabes, pero ella no puede controlar sus emociones. Bueno, está bien; tal vez sea al contrario.

Sigo escarbando. Es posible que mi voz haya pasado a otra octava.

—Vamos, cariño. ¿Qué he hecho? ¿He hecho algo para que estés así?

—No se trata de lo que has hecho.

En ese momento pienso: *¿Qué? ¿Se trata entonces de quién soy?* Y me siento tan desconcertado. Es como si me estuviera enviando señales y yo no fuera capaz de entenderlas. Me siento cada vez más frustrado, hasta que por fin, ella me lo explica, porque soy un hombre y necesito que se me aclare con pelos y señales.

—Siento... siento como si no pasáramos bastante tiempo juntos.

—¿Qué quieres decir? Ahora estamos juntos. Dormimos juntos. Vivimos juntos. Comemos juntos. Quiero decir, ¿qué más quieres?

—No pasamos suficiente tiempo real juntos.

Y fue entonces cuando, en el acaloramiento del momento, se me escapó. Desconozco si pretendía decirlo o no, pero sencillamente, así se me salió.

Saltemos adelante por un minuto tan solo. Recientemente, estaba preparando un mensaje y le pedí a Chelsea: «Necesito una ilustración de cuando haya dicho algo en el acaloramiento del momento y luego me haya arrepentido».

Sin vacilar un solo instante, me suelta: «¡Oh, ya lo tengo! Recuerdo exactamente aquella ocasión. ¿Por qué no le cuentas a la iglesia aquella vez, hace doce años, cuando estábamos en el salón de nuestra casa y me gritaste: "¿Por qué no puedes tener cualquier otro lenguaje del amor que no sea el tiempo de calidad?" ¡Anda, cuéntaselo!».

«¡Dios mío, mujer! ¡Estás enferma! Necesitas asesoramiento. Eso ocurrió hace doce años. Ahora soy un hombre mejor».

Esto significa: «Ya no digo cosas como esas. Solo las pienso».

Estoy bromeando.

Bueno, en realidad no del todo.

Volviendo a nuestra experiencia de recién casados:

—No pasamos suficiente tiempo real juntos —me dice mi esposa.

—¿De veras? —A estas alturas ya estoy exasperado. Me refiero a que mis emociones están alteradas—. ¿De verdad? ¿Es que no puedes tener otro lenguaje del amor que no sea el tiempo de calidad? Sé como mi hermana; le haces un regalo y ya no tienes que pasar tiempo con ella durante tres meses. ¿Te parece lo suficientemente extraordinario?

No salí muy bien parado de aquello. Todavía estoy pagando por aquellas palabras.

Tal vez hayas actuado así tú también. Te ves en caliente, y no es lo que querrías decir, pero algo brota de tu interior y vas y lo espetas. La Biblia afirma que de la abundancia del corazón habla la boca. Sigmund Freud asevera lo mismo, pero con palabras más rimbombantes, y ahora se le llama *desliz freudiano*.

Cuando te encuentras en la crispación del momento, lo típico es que salga aquello que crees. Lo que querías decir en realidad es lo que se te escapa, y ya no lo puedes volver a meter para adentro. Puede resultar doloroso o incómodo, pero también revelador.

Aquel al que amas

En Juan 11 encontramos una conmovedora historia sobre tres hermanos: Marta, María y Lázaro. La mayoría de los eruditos piensan que Marta era la mayor de ellos, María la mediana y Lázaro el hermano pequeño. Es curioso, pero en las Escrituras no se recoge ni una sola palabra pronunciada por él. Al parecer, sus hermanas lo decían todo. ¡Pobre tipo!

En este pasaje, María y Marta se encuentran en el acaloramiento del momento. La vida de su hermano menor está en juego. La Biblia lo relata de este modo:

> Estaba entonces enfermo uno llamado Lázaro, de Betania, la aldea de María y de Marta su hermana. (María, cuyo hermano Lázaro estaba enfermo, fue la que ungió al Señor con perfume, y le enjugó los pies con sus cabellos).

Enviaron, pues, las hermanas para decir a Jesús: Señor, he aquí el que amas está enfermo.

Oyéndolo Jesús, dijo: Esta enfermedad no es para muerte, sino para la gloria de Dios, para que el Hijo de Dios sea glorificado por ella. Y amaba Jesús a Marta, a su hermana y a Lázaro (Jn 11.1-5).

Aparte de sus discípulos, Marta, María y Lázaro eran quizá los mejores amigos de Jesús. Los amaba profundamente.

Que tuviera amigos puede sorprender a algunos que piensan que flotaba a unos sesenta centímetros del suelo y que solo tenía tiempo de sanar a las personas y predicar. Era un tipo de aspecto normal que actuaba de forma normal. A excepción de que sanaba a los enfermos, resucitaba a los muertos, y jamás pecó. Y que era Dios. Pequeños detalles.

En este relato, Lázaro se halla a pocas horas de morir. Se encuentra en el umbral de la muerte. Y, como era de esperar, María y Marta hablan en su nombre. Necesitan captar la atención de Dios. Tienen una oportunidad de convencer a Jesús para que acuda. Precisan recurrir a su mejor argumento, a su recurso más seguro. De modo que le escriben una nota a Jesús. Tiene que ser una buena: la vida de su hermano depende de ella.

Es el momento crítico y no piensan en ser educadas, corteses ni en perder tiempo en elocuencias. Lo que creen está a punto de revelarse. ¿Cómo van a atraer a Jesús? ¿Cuál será su súplica?

De haber sido nosotros los hermanos de Lázaro, muchos habríamos comenzado enumerando todas las cosas buenas que este había hecho. Habríamos hablado de lo mucho que amaba y admiraba a Jesús y de cómo era un ciudadano modelo que no merecía morir.

Pero María y Marta no.

Ellas sabían lo que conmovía a Jesús.

«Señor, aquel *al que amas* está enfermo».

Esa fue la comprensión que surgió de lo más profundo de su corazón. Jesús amaba a Lázaro.

No fue su amor ni el de Lázaro por él, ni sus buenas obras, lo que emocionaba a Jesús. De nada servía recitar todo un listado de los logros de su hermano. No fue eso lo que emocionaría el corazón de Jesús. Fue su propio amor lo que lo motivaba. Fue su propio deseo de bendecir, sanar y restaurar.

La historia prosigue indicando que Jesús respondió a la petición de María y Marta y acudió a su casa. Pero, para cuando llegó, Lázaro había muerto. Eso no le molestó a Jesús; él sabía lo que iba a ocurrir. Sencillamente resucitó a Lázaro de los muertos. ¡Conviene tener amigos así!

Juan, uno de sus discípulos, recogió esta historia. Entendió la importancia del amor de Jesús. En cinco ocasiones, en su libro, se refiere a sí mismo como «el discípulo al que Jesús amaba». Ni siquiera usa su propio nombre. Solo alardea de ser el favorito de Jesús.

¿Era su preferido? No lo sabemos. Tampoco importa demasiado, porque él así lo creía. Y hay algo extrañamente saludable en esa perspectiva. Todos somos los favoritos de Dios.

Algunos podrían tachar las declaraciones de Juan de arrogantes, pero a él no le importaba. Y tampoco parece afectarle a Dios, ya que está escrito en su libro. Juan definió su identidad a través del amor de Jesús. Para mí, esto es fascinante.

Unas cuantas décadas más tarde, Juan escribió varias

cartas que también forman parte de la Biblia. Las epístolas son manifiestos del amor de Dios hacia nosotros. He aquí un ejemplo de 1 Juan 4.9-10:

> En esto se mostró el amor de Dios para con nosotros, en que Dios envió a su Hijo unigénito al mundo, para que vivamos por él. En esto consiste el amor: no en que nosotros hayamos amado a Dios, sino en que él nos amó a nosotros, y envió a su Hijo en propiciación por nuestros pecados.

Juan descubrió algo al observar a Jesús. No se trata de cuánto amemos a Dios, sino de cuánto nos ama él a nosotros.

Esa pequeña verdad cambiará tu forma de pensar, de hablar y de orar. Para muchos de nosotros, la vida solo gira en torno de lo que podemos llevar a cabo. Sobre nuestros planes, nuestro trabajo, nuestros méritos, nuestros logros. Es gratificante para el ego, pero en última instancia es un callejón sin salida. Nos encontramos en situaciones de las que no podemos salir, necesitados de favores que no merecemos. Perdemos nuestra perspectiva con demasiada rapidez cuando hacemos que la vida solo trate de nosotros.

María y Marta eran algunas de las amigas más cercanas de Jesús. Según los eruditos, Juan era probablemente el discípulo que más apegado estaba a él. Se diría que las personas más próximas a él tenían una conciencia abrumadora de su amor por ellos. Tal vez deberíamos captar la indirecta.

Déjame contar las maneras

El mensaje enviado por María y Marta era una súplica, una oración. Observa la base de su plegaria: «Aquel al que amas».

Puedes descubrir mucho sobre lo que crees realmente cuando te escuchas orar, cuando prestas oído a los que dices en el acaloramiento del momento. Cuántas veces he hecho oraciones del tipo: «Oh Dios, necesito ayuda. Soy fiel. Ayudo a los demás. Soy generoso. Soy santo. Leo la Biblia. Y estoy orando en voz alta, con toda intensidad, con grandes palabras y versículos de la Biblia, y un montón de alabanza. Así que, Señor, ven y ayúdame en mi necesidad».

En otras palabras: «Señor, basándome en lo que he hecho, ahora te ruego que...». Pensamos que así podemos conmover a Dios. No; lo que a él le emociona es su Hijo. Lo que conmueve a Dios es su amor.

Uno de los poemas de amor más celebres de todos los tiempos, el soneto 43 de Elizabeth Barrett Browning, comienza así: «¿Cómo te amo? Déjame contar las maneras».

No cuentes las maneras en que amas a Dios; cuenta las formas en que él te ama a ti. Tu amor palidece en comparación con el suyo. Cuando ores, hazlo, pues, cono María y Marta: «Jesús, aquel al que amas te necesita».

La otra tarde, por ejemplo, me sentía cansado. Tal vez no sea algo extraordinario, pero tenía cosas que hacer aquella noche, y necesitaba las fuerzas. Me quedé a solas unos minutos y dije: «Señor, aquel al que amas está cansado. Dame energía».

Fue una forma tan refrescante y saludable de orar. Fue increíble. Empecé a pensar: *¡Uau! ¡Ha sido una pasada! ¡Qué bien me siento!*

Él se conmueve con su amor. Recuérdale su amor por ti.

«Señor, a aquel al que amas le faltan doscientos cincuenta dólares para llegar a final de mes. No puedo pagar las facturas. Pero soy tu favorito. Soy aquel al que tú amas, así que ayúdame con los pagos, Señor».

Esto es mucho mejor que intentar convencer a Dios basándonos en nuestras propias obras y méritos.

Tal vez estés pensando: *En realidad no conozco a Jesús. Soy la peor imitación de un seguidor de Jesús.*

Nadie que ora de este modo es un extraño. Hay que basarse en su amor, y no en el nuestro. No tenemos ni idea de lo profundo que es en realidad su amor por nosotros. Independientemente de quién seas, de lo que necesites, intenta elevar esta oración. Y yo pido que tu corazón estalle con la comprensión y la revelación de su asombroso amor por ti.

«Dios, porque soy el objeto de tu obsesión, aquel al que amas, ven ahora y encárgate de mis necesidades».

¿Cuál es el enfoque de la Biblia? ¿El amor del hombre por Dios, o el amor de Dios por el hombre?

Muchos de nosotros responderíamos de forma automática: «Trata del amor del hombre por Dios. Habla de seres humanos que abandonan un estilo de vida pecaminoso y acuden a Dios». Y, aunque no lo dijésemos, lo creeríamos; no tienes más que ver cómo oramos y cómo actuamos.

Nos equivocaríamos.

Los sesenta y seis libros de la Biblia, los más de cuarenta autores que los escribieron a lo largo de mil seiscientos años, apuntan a lo mismo: el amor de Dios por la humanidad.

Si eres como yo, descubrirás que una y otra vez estás obsesionado por tus propias incoherencias e ineptitudes, por tu propio amor o falta de amor hacia Dios. Pero si pasamos más tiempo estudiando la Biblia, descubriríamos que se trata, de forma abrumadora, del amor de Dios por nosotros. De hecho, su amor creó el nuestro.

He aquí un pensamiento descabellado: El amor de Dios es tan extravagante y tan inexplicable que nos amó antes de que fuéramos nosotros mismos. Nos amó antes de que existiésemos. Sabía que muchos de nosotros lo rechazaríamos, lo odiaríamos, lo maldeciríamos, nos rebelaríamos contra él. A pesar de todo, nos amó. Dios nos ama, porque él es amor.

El mensaje está claro en las Escrituras. El evangelio trata del amor de Dios por el hombre, le correspondamos o no. Juan, «aquel al que Jesús amaba» lo explicó bien: «Le amamos, porque él nos amó primero» (1 Jn 4.19).

La razón de que nos interesemos siquiera en Dios es que él nos pisa los talones. Somos sus favoritos, y él nos persigue apasionadamente. No se limita a amarnos como a un amigo, como un tío o una tía, o incluso como un padre. Su amor es mucho más perfecto que cualquier amor terrenal.

En realidad, no llegaremos a entender su amor hasta que entremos con él en la eternidad. Cuando estemos allí, nos sentiremos deshechos. La enormidad de su amor nos abrumará, nos vencerá y nos consumirá.

Imagina que la próxima vez que ores, que falles en algo, que te enfrentes a una situación difícil, todo se revolucionará.

Sigue adelante e intenta describir la altura, la largura, la anchura y la profundidad de su amor. Nuestras metáforas palidecen en comparación: Nuestro matrimonio, nuestros hijos, nuestros niños apadrinados, nuestros amigos, nada se puede comparar con el amor de Dios por nosotros.

Jamás he conocido a alguien que exagere el amor de Dios. Nunca. Es imposible. Él nos amó primero, mejor y lo hará para siempre.

¿Cómo me ama?

Me pasaré el resto de mi vida contando las maneras.

DOCE

Está bien

Las últimas palabras de las personas suelen ser relevantes. Ya sea que partan para un largo viaje o que se hallen en su lecho de muerte, utilizan sus últimos minutos para decir lo que más les importa.

Los últimos capítulos de Mateo describen la crucifixión y la resurrección de Jesús, un tema que discutiré más tarde. Mateo 20 recoge algunas de las últimas palabras de Jesús en la tierra. Está a punto de dejar a sus discípulos y regresar al cielo. Obviamente, las emociones de los discípulos al respecto están algo mezcladas. El gozo los desborda al ver que Jesús está vivo, pero ahora vuelve a marcharse.

Consciente de que no los volverá a ver en esta vida, Jesús les deja varios pensamientos importantes. No solo les habla a ellos, claro está, sino también a nosotros. Sus últimas exhortaciones para sus seguidores son tan válidas hoy como lo fueron hace dos mil años.

De todo lo que Jesús dijo probablemente aquel día, Mateo,

el recaudador de impuestos convertido en discípulo, escogió estas palabras para poner fin a su libro: «... he aquí yo estoy con vosotros todos los días, hasta el fin del mundo». Es evidente que esta promesa significaba mucho para él.

Siempre con ustedes

Estoy seguro de que a Mateo se le rompía el corazón al pensar en que perdía a Jesús, sobre todo después del latigazo emocional de verlo crucificado y vivo de nuevo. Jesús había alterado de forma indeleble el curso de la vida de Mateo. Jesús había creído en él, le había dedicado tiempo y, por ello, Mateo pasó de ser un notable pecador a uno de los doce discípulos de Jesús. Ahora él los dejaba físicamente, pero prometió estar siempre con ellos... estar siempre ahí para nosotros.

¿Qué significa esto? No podemos verlo. No podemos oírlo. No podemos hablar con él, abrazarlo, reír con él, al menos no en un sentido físico. Cuando Jesús dijo que estaría con sus discípulos, no se refería a estar físicamente presente. Eso sería imposible, porque, aun siendo Dios, había adoptado la humanidad y estaba limitado a estar en un solo lugar a la vez.

Mucho antes de que le crucificaran, Jesús advirtió a sus discípulos que un día lo matarían, pero que regresaría de los muertos y, después, volvería al cielo. Se negaron a creerlo. Hasta le recriminaron por ser tan negativo. Pero él les aseguró que, en realidad, era mejor así. Les aseguró que Dios les enviaría al Espíritu Santo que sería un consolador, confortador, y maestro.

Es posible que el Espíritu Santo sea el miembro menos

comprendido de la Trinidad, término que describe la forma en que la Biblia nos revela a Dios. Las Escrituras nos enseñan que Dios es uno, pero que consta de tres «personas»: el Padre, el Hijo (Jesús) y el Espíritu Santo. Cada persona es distinta y plenamente Dios, aunque solo hay un Dios. Por esta razón, Jesús podía ser Dios y, a la vez, referirse a su Padre como Dios, prometiendo también que siempre estaría presente con ellos a través del Espíritu Santo, que era Dios.

¿Confundido? No te preocupes. Dios ya se lo imaginaba. Que no le entendamos por completo no le produce una crisis de identidad. Como humanos, nos vemos limitados por nuestra experiencia y marco de referencia, y esto hace que nos cueste poder comprender a un ser infinito como él. En realidad, esto es un eufemismo. No es que resulte difícil entender del todo a Dios. Es que es imposible. Si pudiéramos comprenderlo no sería Dios.

Es interesante ver cómo las personas intentan redefinirlo como mejor se les antoja. Lo bajan a su nivel para poder entenderlo, y después lo rechazan por ser demasiado como ellos.

Para un niño es menos complicado, porque el mundo está lleno de cosas asombrosas. En mi opinión, los adultos necesitamos un poco más de asombro en nuestra vida. Precisamos relajarnos un poco y permitirnos sencillamente quedar sobrecogidos ante Dios.

Para algunos de nosotros, ahora mismo, la vida se ha sobredimensionado un tanto. Tal vez estemos afrontando problemas, dolor, enfermedad o bancarrota, y seamos conscientes de la necesidad de que la magnitud y la majestad de Jesús renueven nuestra perspectiva. Necesitamos quedar asombrados ante Dios, y no por nuestros problemas.

Jesús es la resurrección y la vida. Es el victorioso rey de los siglos. Gobierna y reina, y es soberano; es grande, majestuoso, fuerte y puede ayudarte con cualquier cosa a la que te estés enfrentando.

Jesús nos trajo la presencia de Dios de forma permanente. Como ya mencioné anteriormente, el pecado ya no es una barrera como lo fue en la época de Moisés y la ley. No tenemos que suplicar a Dios que venga a nosotros. No necesitamos suplicarle que nos preste atención. Él está con nosotros todo el tiempo.

Jesús está contigo en tu casa, en tu trabajo, en tus debilidades, en tus tentaciones y fracasos. Tal vez estés afrontando la situación más difícil de toda tu vida. Ten la seguridad de que Dios está ahí. Su voz calma la tormenta y te proporciona descanso.

Jesús no solo está contigo cuando todo te va bien, cuando tu fe está a tope o cuando vives en santidad. Te amaba aun cuando lo odiabas, y te sigue amando hoy. Está perdidamente enamorado de ti. Está de tu parte; no por quién tú eres, sino por quién él es. Su amor es incondicional y abrumador. Es tu abogado, tu defensor, tu mayor fan.

Ningún problema es tan grande, ningún fracaso tan permanente y ningún enemigo tan poderoso como para que Jesús no pueda darte la victoria. Él habla hoy como lo hizo, hace tanto tiempo, con sus discípulos.

«He aquí yo estoy con vosotros todos los días».

¿A qué has venido?

¿Te ha ocurrido alguna vez que alguien aparezca por tu casa de forma inesperada? Tal vez es casi hora de cenar, te estás disponiendo a sentarte a la mesa y comer, y justo oyes el timbre de la puerta. Abres y te encuentras con un amigo.

Y lo saludas con un «¡Hey!».

—¡Hey, estoy aquí!

—¡Fantástico! ¡Hola! —contestas mientras rebuscas frenéticamente en tu cerebro intentando recordar si invitaste a tu amigo y lo has olvidado. Finalmente, optas por preguntarle—: Esteee, ¿por qué? ¿A qué has venido?

—¿Qué quieres decir? Simplemente he venido.

—¿Simplemente has venido? Bueno, mi familia... nos estamos sentando a la mesa para cenar, pero...

—Tranquilo, tranquilo.

—¡Ah, bueno, entonces has venido a cenar!

—No. Solo he venido para estar aquí.

Desde luego, resulta incómodo.

¿Tenemos que preguntarnos por qué está Jesús con nosotros?

Aquí es donde se pasa al siguiente nivel, y muchos no pueden admitirlo. Pueden aceptar que Dios está con ellos, pero simplemente no saben por qué.

La Biblia declara con gran énfasis que Dios está con nosotros *porque Dios es por nosotros*. Está aquí para asegurarse de que se nos cuida. Está aquí para engancharnos al cielo y para respaldarnos. Está aquí para proveer, proteger y fortalecer.

Romanos 8.31-32 lo deja muy claro. «¿Qué, pues, diremos a esto? Si Dios es por nosotros, ¿quién contra nosotros? El que no escatimó ni a su propio Hijo, sino que lo entregó por todos nosotros, ¿cómo no nos dará también con él todas las cosas?».

Algunos lo discuten. Y a mí me parece incomprensible. ¿Por qué rebatir que Dios no esté por nosotros?

Bueno, responden, a veces viene en su ira, y lo hace con juicio, y...

Espera un momento. ¿Me estás diciendo que no crees que Dios esté por ti, aunque dio a su Hijo en beneficio tuyo? Está tan por ti que murió por ti. ¿Qué otra prueba necesitas?

Mi padre solía preguntar: «¿Hasta qué punto tiene que ser Dios bueno contigo para que te sientas contento?». No es una declaración condenatoria. Es un llamado a despertar. Tenemos a un Dios bueno y a un buen Salvador. Nuestra vida es buena. Muchas son las cosas por las que debemos estar agradecidos y por las que sentirnos contentos.

Algunos de nosotros llegan a pensar incluso que a Dios le divierte nuestro sufrimiento.

«Sí, es bueno que sufras. Humíllate. Aprende tu lección».

Esto no es así. Es estrambótico. Si yo fuera ese tipo de padre, me encerrarían en la cárcel por maltrato infantil. Sin embargo, atribuimos estos motivos extraños y perversos a Dios.

Me encanta lo que Dios dice por medio del profeta Jeremías: «Porque yo sé los pensamientos que tengo acerca de vosotros», dice el Señor, «pensamientos de paz, y no de mal, para daros el fin que esperáis».

En otras palabras: «No me digan que estoy aquí para hacerles mal. No me digan que estoy aquí para juzgarlos. No me digan que estoy aquí porque estoy furioso con ustedes. Yo sé los pensamientos que tengo para ustedes, y son para bien, no para mal. ¡Conozco su futuro y está lleno de esperanza!».

Dios está con nosotros y por nosotros. Este es el evangelio.

Por tanto, independientemente de lo que yo esté atravesando, él está conmigo y está por mí. Aunque no tenga sentido, está conmigo y por mí. Aunque yo no pueda ocuparme de todos los detalles, él está conmigo y por mí. Digan lo que digan otros, él está conmigo y por mí. Por mucho que me dicten mis emociones, mis dolores, mis padecimientos, mi cuenta bancaria, él está conmigo y por mí. Él está de mi parte.

En el tramo más oscuro de tu viaje, el evangelio es lo que te mantendrá lleno de vida, paz y felicidad. Saber que Dios está contigo y por ti.

Solo yo salvada

Supongo que algunos llegarán a la conclusión de que, por estar Jesús con nosotros, todo tiene que salirnos bien. Algunos podríamos asumir, con cierta sutileza, que la diferencia entre los que aman a Jesús y los que no lo hacen es que los primeros consiguen todos los deseos de su corazón. Tendrán autos, casas, salud y fuerza. Poseerán una vida abundante, porque es lo que Jesús promete.

Sí, Dios quiere bendecirte. Sí, Dios está por ti. Está a favor de tu felicidad, de tu salud, de tu economía y de tu éxito.

Pero, sin lugar a duda, a las personas buenas les ocurren cosas malas. La vida no es siempre fácil o agradable. No siempre tiene sentido. En ocasiones nos sentimos solos, abandonados y sin esperanza.

No obstante, cuando entendemos que Jesús está aquí,

podemos atravesar cualquier cosa. Quienes saben que Jesús los ama, que está con ellos y por ellos, no solo pueden soportar el dolor, la pérdida y la dificultad, sino que pueden salir de la prueba siendo más fuertes y mejores personas. Pueden estar más vivos que quien se apoltrona sobre una próspera comodidad pero está apartado de Jesús.

Horatio Spafford era un destacado abogado y hombre de negocios que vivía en Chicago a finales del siglo diecinueve. Estaba felizmente casado y era el orgulloso padre de cuatro hijas y un niño de cuatro años. La familia Spafford era muy conocida en Chicago por su hospitalidad, su implicación en el movimiento abolicionista y su apoyo a los evangelistas cristianos, como D. L. Moody. Horatio estaba profundamente involucrado en la inmobiliaria de Chicago, el mercado estaba en plena expansión y la vida iba bien.

Fue entonces cuando lo golpeó la tragedia. En 1870, la escarlatina le arrebató a su hijo de cuatro años. Unos pocos meses después, se produjo el gran incendio de Chicago y todas sus inversiones quedaron destruidas.

Dos años después, la familia decidió ir de vacaciones a Europa con unos amigos. Llegó el día en que debían embarcar, pero, en el último instante, el negocio inmobiliario impidió que Horatio llegara a tiempo. De modo que envió a su esposa y sus cuatro hijas para que fueran adelantándose en el buque a vapor *Ville de Havre* con la intención de reunirse con ellas más tarde.

Tras varios días, recibió el ahora célebre telegrama de su esposa. Comenzaba así: «Solo yo salvada. ¿Qué debo hacer...?».

No tardó en enterarse de las terribles noticias: el navío que transportaba a su familia había colisionado con otro buque en alta mar. En solo doce minutos, el *Ville de Havre* se había ido a pique. Las cuatro hijas se habían ahogado. Lo único que pudo hacer en esos momentos fue viajar en el siguiente barco para poder consolar a su esposa.

La nave se hizo a la mar. Horatio tuvo tiempo de reflexionar en los dos años terroríficos que había vivido. A cierta altura del viaje, el capitán le notificó que habían llegado al punto donde se había hundido el *Ville de Havre* tan solo unas semanas antes. Aquella era la sepultura bajo el agua de sus amadas hijas.

Fue en ese momento y en ese preciso lugar en alta mar donde Horatio Spafford empezó a escribir una especie de poema. Utilizó palabras que describían su estado emocional y espiritual en aquellos instantes.

Lo que escribió se ha convertido en uno de los himnos más amados de todos los tiempos:

> *De paz inundada mi senda ya esté*
> *o cúbrala un mar de aflicción,*
> *mi suerte cualquiera que sea, diré:*
> *Estoy bien, estoy bien con mi Dios.*

Como padre, no puedo ni imaginar soportar tal pérdida. El desastre financiero ya había sido bastante duro. ¡Pero, perder a un hijo y, dos años después, a cuatro hijas...!

Y, ahora, en la soledad y la inmensidad del mar, en lugar de sacudir el puño hacia Dios y quejarse, Horatio reveló que seguía teniendo muy en cuenta a Jesús. Aun en medio de su dolor, su pérdida y su sufrimiento, sabía que estaba con él.

La Biblia afirma: «Aunque ande en valle de sombra de

muerte, no temeré mal alguno, porque tú estarás conmigo» (Sal 23.4).

Teniendo a Jesús, contamos con todo lo que necesitaremos jamás para cualquier circunstancia que tengamos que atravesar. Tal vez las cosas no estén siendo fáciles para nosotros en estos momentos. Quizá no sea todo maravilloso. Es posible que nos encontremos en el mar abierto del sufrimiento, del dolor y de la pérdida.

Jesús nos da la gracia de levantarnos y declarar: «Mi alma está bien», porque él está aquí. En medio de la pérdida y de la muerte, nuestra alma puede hallar descanso y vida.

Jesús lloró

No estoy minimizando la pérdida. No estoy sugiriendo que deberíamos suprimir nuestro dolor o criticar a los que lloran. Nada más lejos de esto. La muerte de mi padre fue un viaje de tristeza y dolor que me sacudió hasta lo más profundo de mi ser. Pasé meses procesando mis sentimientos e intentando recuperar mi sentido de identidad después de su partida.

Sin embargo, a lo largo de los años de la montaña rusa de la enfermedad, la muerte de mi padre y encontrarme de repente con la responsabilidad de liderar a una iglesia de miles de personas, jamás me sentí solo.

Jesús estaba vivo y estaba conmigo. Él era mi vida, mi paz, mi seguridad. No estoy afirmando que tuve una actitud perfecta, Horatio Spafford es mi héroe. Pero hallé una profundidad de amor y fuerza en Jesús que nunca antes había conocido. Experimenté la sencillez del evangelio y del poder de la gracia.

Desearía ser capaz de poner por escrito la presencia de Jesús que me fortaleció, pero tal vez sea algo que se deba experimentar para poder comprenderlo. Lo que sí puedo decirte es que está presente cuando se le necesita. Jesús es más real, está más presente, más vivo y más unido a nosotros de lo que sabemos. A veces, las circunstancias trágicas son necesarias para que podamos darnos cuenta de lo real que es nuestra fe.

«En el mundo tendréis aflicción; pero confiad, yo he vencido al mundo» (Jn 16.33).

La historia de la muerte de Lázaro, que analizamos anteriormente, muestra el amor y la empatía de Jesús cuando atravesamos experiencias difíciles. Juan 11.35, el versículo más breve pero de los más profundos de la Biblia, declara: «Jesús lloró». Él no se burla de nuestro dolor. Él llora con nosotros.

Si lees el resto de esta historia, descubres que Jesús supo todo el tiempo que Lázaro moriría, y también sabía que lo iba a resucitar de los muertos. Entonces, ¿para qué llorar? ¿Para qué desperdiciar sus lágrimas? ¿Por qué en vez de llorar no reprendió a aquella gente por su falta de fe, o aprovechar la oportunidad para destacar su propio poder y divinidad?

Lloró porque el dolor de ellos lo conmovió. Su aflicción provocó su compasión.

Pero Jesús no se limitó a apenarse con ellos. Resucitó a Lázaro de los muertos y también nos trae vida a nosotros. La vida de Jesús se revela con mayor claridad en los momentos de muerte aparente.

«Yo soy la resurrección y la vida», le dijo Jesús a Marta. «El que cree en mí, aunque esté muerto vivirá. Y todo aquel que vive y cree en mí, no morirá eternamente» (Jn 11.25-26).

Que Jesús esté aquí no solo nos trae consuelo en los momentos difíciles, sino que nos da valor para pensar que nuestras circunstancias pueden cambiar. De la muerte, produce vida. De la aflicción, esperanza. Convierte nuestro lamento en gozo. Está aquí para nosotros cuando más lo necesitamos, lo sepamos o no, lo apreciemos o no.

Jesús no nos dejará jamás. Nunca nos abandonará. Nunca tirará la toalla en lo que a nosotros se refiere.

Jesús está siempre aquí.

JESÚS está vivo.

TRECE

La vida real

Me encanta el cine. Esto puede desconcertarte, porque soy pastor y, probablemente, pensabas que solo veíamos la cadena TBN y los Veggie Tales.

No confirmaré ni negaré haber visto la película que estoy a punto de citar, no sea que me tachen de poco espiritual. Pongamos que me la han contado otros que sí la vieron. Me comentaron que es violenta, y a mí no me gusta la violencia. Por tanto, como ya he dicho, no puedo confirmar ni negar haber visto este film.

Se trata de *Braveheart*. Me han contado que, en la película, William Wallace hace una profunda declaración. Claro está, estuve investigando un poco. Utilicé algunos de mis recursos increíbles, como la Wikipedia, y descubrí que no se tiene la certeza de que pronunciara esta cita en particular. Sin embargo, estamos seguros de que Mel Gibson sí lo hizo.

«Todos los hombres mueren, pero no todos viven de verdad».

¡Qué concepto! Merece la pena reflexionar sobre ello.

Esta es la vida

¿Estás vivo? Respiras, funcionas, tu cerebro se implica más o menos, y estás leyendo este libro. Entonces, sí, estás vivo. Hasta posees documentos oficiales que demuestran tu existencia a todo aquel que pueda cuestionarla. Estás chupando oxígeno en el planeta Tierra. Estás vivo.

¿Pero estás viviendo *de verdad*?

En Efesios 2.1-7, el apóstol Pablo describió lo que significa estar verdaderamente vivo.

> Y él os dio vida a vosotros, cuando estabais muertos en vuestros delitos y pecados, en los cuales anduvisteis en otro tiempo, siguiendo la corriente de este mundo, conforme al príncipe de la potestad del aire, el espíritu que ahora opera en los hijos de desobediencia, entre los cuales también todos nosotros vivimos en otro tiempo en los deseos de nuestra carne, haciendo la voluntad de la carne y de los pensamientos, y éramos por naturaleza hijos de ira, lo mismo que los demás.
>
> Pero Dios, que es rico en misericordia, por su gran amor con que nos amó, aun estando nosotros muertos en pecados, nos dio vida juntamente con Cristo (por gracia sois salvos), y juntamente con él nos resucitó, y asimismo nos hizo sentar en los lugares celestiales con Cristo Jesús, para mostrar en los siglos venideros las abundantes riquezas de su gracia en su bondad para con nosotros en Cristo Jesús.

Muchos de nosotros estamos siempre a la caza de «la vida». Por ejemplo, nos vemos atrapados en un atasco sobre un puente y miramos hacia abajo y vemos a personas que están haciendo esquí náutico y pensamos: «¡Vaya! ¡Eso sí que es vida! Tengo que conseguir un barco. Eso sí que sería vivir».

U observamos cómo nuestro jefe llega tarde todos los días y siempre se marcha más temprano y hemos estado en su oficina esquinera con grandes ventanas y sabemos que lo único que hace es jugar a Angry Birds. No es justo, porque nosotros trabajamos cuarenta, cincuenta, sesenta horas por semana y apenas conseguimos sobrevivir. Y pensamos: *Mi jefe sí que está viviendo la vida. Quiero su trabajo. Entonces sí que disfrutaría por fin de la vida.*

¿Pero nos sentiríamos verdaderamente satisfechos de vivir «la vida»? Para vivir de verdad, ¿solo necesitamos dinero? ¿Un acenso? ¿Un barco?

Estas cosas están bien. Sobre todo el barco. Pero, en la caza de la verdadera vida, hay pistas falsas. Simples trampas. Por esta razón, muchos viven su vida sin hacerlo de verdad. Es lo que Salomón descubrió, como vimos anteriormente en Eclesiastés.

Tenemos nuestros momentos, claro está. Esta vida nos ofrecerá buenos ratos, risa, gozo, hilaridad y diversión. Pero, la verdad es que, al final del día, recostamos la cabeza en la almohada y sabemos que algo no va bien.

El matrimonio no puede hacerte vivir de verdad. Casarte por segunda vez tampoco, ni una cuenta bancaria, ni la popularidad. Y tus llantas de sesenta centímetros tampoco pueden hacerte vivir de verdad. Pueden tener muy buena pinta, pero no pueden proporcionar vida.

Errar el tiro

Permíteme dar un paso más. ¿Vivir en pecado es vivir realmente?

Supongo que, antes de responder a esta pregunta, es necesario que establezcamos la realidad del pecado. Si tienes un hijo de entre uno y tres años, ya sabes que el pecado es real. Y lleva pañales. ¿Cómo puede algo tan lindo enfurecerse tanto y hacer tanto ruido? ¿Justo en pleno centro comercial? ¿Cuando todos están mirando? Nadie tiene que enseñarnos a ser egoístas, desagradecidos ni a enojarnos. Es defecto de fábrica. Nacemos con una inclinación al pecado que la Biblia denomina naturaleza pecaminosa.

Numerosas personas sinceras han intentado justificar el pecado, pero el hecho permanece: existen personas malas a nuestro alrededor. Basta con que alguien le haga daño a tu madre para saber que en el mundo hay pecado. Hasta las «buenas personas» hacen un montón de cosas malas. El pecado está por todas partes. Está en mí y en ti.

Dios creó a Adán y Eva, el primer hombre y la primera mujer, con libre albedrío, porque no quería tener relación con un puñado de Pinochos. Deseaba que fuésemos capaces de tirar de nuestros propios hilos, de hacer nuestras propias elecciones. Sabía que el amor forzado no es para nada amor. Dios puso, pues, en nosotros la capacidad de escogerlo o rechazarlo. Adán y Eva lo desecharon y, ahora, por todos los siglos, los seres humanos nacen con la tendencia a rehusar a Dios y seguir su propio camino. Esa desviación del plan original de Dios es la raíz de todo pecado.

De modo que lo bueno y lo malo existen. No soy uno de esos

que creen que lo que es bueno para ti está bien para ti, y lo que es bueno para mí está bien para mí. Esto se viene abajo con gran rapidez cuando lo que está bien para mí te perjudica a ti. De repente dejas de pensar que siga siendo bueno. Por ahí afuera, existen los absolutos. La gente buena lucha por vivir siguiéndolos, y los buenos gobiernos hacen hincapié sobre ellos.

Luego existen ámbitos amorales, ni buenos ni malos. De hecho, la mayor parte de la vida es así. Mientras los llevemos de forma adecuada, estos campos contribuyen a nuestro gozo y éxito. El dinero, por ejemplo, es amoral. Los autos son amorales. Los deportes son amorales, a excepción quizá del *cricket*: cualquier juego que dure cinco días debe ser pecado. Presento mis excusas a mis amigos británicos.

Existen, asimismo, cosas que en ciertos contextos son malas. En este sentido, la moralidad puede ser relativa. En Singapur, por ejemplo, masticar chicle es básicamente un crimen. Pero aquí, en Seattle, tenemos un lugar emblemático de la ciudad llamado Gum Wall [la pared del chicle]. Se encuentra bajando hacia Pike's Market, y gente de todo el mundo, incluido probablemente Singapur, vienen y pegan su repugnante chicle en la pared de un callejón. Es lo más asqueroso que se pueda imaginar. Pero no es pecado. A mí me gustaría que lo fuera, pero no lo es.

La mejor definición del pecado que he oído es *errar el tiro*. Existe una marca. Dios la estableció. Y nadie ha logrado alcanzarla.

En ello no hay nada relativo, contextual ni gris. El pecado es pecado. Lo que está mal está mal. No importa las vueltas que le demos ni cómo lo llamemos, todos hemos pecado y seguimos haciéndolo con más frecuencia de lo que nos gustaría admitir.

La primera mención al pecado en toda la Biblia se hace en Génesis 4.7. Caín está enojado con su hermano Abel, y Dios le advierte que no se entregue al pecado: «Si no hicieres bien, el pecado está a la puerta; con todo esto, a ti será su deseo, y tú te enseñorearás de él».

Si conoces la historia, sabrás que Caín no dominó el pecado. Ni siquiera estuvo cerca de hacerlo. Salió y mató a su hermano. Fue el primer asesinato de la historia humana.

Gobernar el pecado es un hermoso sentimiento, pero a la raza humana nunca se le ha dado demasiado bien. La Biblia nos dice una y otra vez que todos somos pecadores. Romanos 3.23 lo afirma con toda claridad: «Por cuanto todos pecaron y están destituidos de la gloria de Dios».

Romanos 3.10 asevera lo mismo: «No hay justo, ni aún uno». Ser *justo* en este texto quiere decir que estas a bien con Dios, que puedes estar hombro con hombro con él, porque eres justo, no tienes pecado y eres perfecto. La Biblia dice que no existe ni una sola persona así.

Podemos intentar ser justos. Y supongo que todos lo hacemos. Ayudamos a una anciana a cruzar la calle, le abrimos la puerta a alguien, damos cinco pavos a un tipo sin hogar que está en la esquina. Hacemos cosas buenas para intentar llenar el vacío interno que sigue diciéndonos que algo va mal. Pero, en todo nuestro buen hacer, en todas las horas que dedicamos al trabajo, en todos nuestros esfuerzos por mejorar nuestro matrimonio, por ser buenos padres, buenas madres, buenos tíos o buenas tías, algo sigue estando mal.

El pasaje de Efesios que he citado declara que estamos muertos en nuestros pecados. En otras palabras, la vida bajo el pecado no es vida en absoluto. Es muerte. No importa cuántos barcos poseamos, si nos gobierna el pecado, no estamos vivos. Todos somos miembros activos y con carné de los muertos vivientes. Tenemos nuestros momentos, lo hacemos lo mejor posible, pero seguimos sin experimentar la verdadera vida.

¿Se puede llamar vida a la existencia en pecado? En realidad, no. Ciertamente respiramos. El pecado nos lo permite por un tiempo, pero jamás nos dejará vivir de verdad. Así es como funciona el pecado.

De modo que tengo una buena y una mala noticia. La mala es que todos somos pecadores. La buena, que si eres un pecador encajas perfectamente con el resto de nosotros.

No votes por Pedro Sánchez

¿Adónde vamos, pues? ¿Qué podemos hacer? ¿Podemos encontrar un hombre o una mujer a quien nombrar o votar para que pueda resolver el problema del pecado? ¿Podemos aprobar una legislación poderosa, profunda, que libere a la humanidad del problema del pecado? ¿Es esa nuestra respuesta?

El problema de escoger a uno de los nuestros radica en que esa persona también tiene ese mismo problema. Podemos guiñar y mirar a otro lado, fingiendo que todo va bien, pero la Biblia afirma con rotunda claridad que todos hemos pecado. La respuesta no está, pues, entre nosotros. No se halla en alguien como nosotros. Un republicano no puede ayudarnos, tampoco un demócrata. Desde luego, Pedro Sánchez no puede. Sin ánimo de ofender, Napoleon Dynamite.

El apóstol Pablo escribió Efesios. Antes de conocer a Dios, no era un buen hombre. Él pensaba que sí, porque era un fanático religioso. Pero irrumpía en las casas y arrastraba a las personas a prisión por no tener las mismas creencias que él. Era malvado. Arrogante. Cómplice de asesinato.

Entonces, Dios se apoderó de su vida, y todo cambió. Acabó escribiendo casi la mitad de los libros del Nuevo Testamento.

Con todo, a pesar de convertirse en uno de los mayores líderes espirituales en la historia de la iglesia, perdió la batalla contra el pecado de vez en cuando. En Romanos 7.24, pronuncia a voz en grito el clamor de toda la humanidad: «¡Miserable de mí! ¿quién me librará de este cuerpo de muerte?».

Pablo estaba expresando la naturaleza tenaz y ubicua del pecado. Sabía que este nos asalta por sorpresa e intenta controlarnos. En el siguiente versículo, Pablo responde su propia pregunta: «¡Gracias doy a Dios! La respuesta está en Jesucristo nuestro Señor».

Jesús es el único hombre que vivió de verdad, porque el pecado no se había apoderado de él. Es el pecado el que absorbe la vida extrayéndola de nuestra existencia.

Jesús apareció en el planeta rebosante de vida, porque no conocía el pecado. Sin duda fue tentado; pero resistió a todas las tentaciones y vivió treinta y tres años sin pecado.

Dado que él fue el único ser que vivió de verdad, también es el único que podía resolver el problema del pecado de una vez y para siempre.

Hizo un camino para que nosotros pudiéramos regresar a la verdadera vida.

Sigue balanceando el bate

Los primeros versículos de Efesios 2 pintan una imagen muy desalentadora de cómo es la vida separados de Dios y de Jesús. Sin embargo, después, llegamos al versículo cuatro.

«Pero Dios...».

Me encanta cuando Dios interrumpe.

Por cierto, cuando Dios irrumpe justo aquí, no es porque le hubiéramos enviado un correo electrónico, o le hubiéramos llamado o porque enviáramos a alguien agitando una bandera blanca para decirle: «Lo lamentamos de verdad. Discúlpanos por ignorarte. Nos gustaría que volvieras a implicarte con la humanidad».

En realidad, le ignoramos como siempre habíamos hecho. Disfrutábamos de errar el tiro. Nuestros pecados y transgresiones nos producían sonrisas y risitas.

«Pero Dios», siendo aún pecadores Cristo murió por nosotros.

«Pero Dios» tomó la iniciativa.

«Pero Dios» se guió por su propia y rica misericordia y su gran amor.

Esto sí que es bueno. Dios es «rico en misericordia». No solo es misericordioso, sino que su misericordia está formada de todas las capas más variadas. Una misericordia que no tiene fin. Una misericordia en abundancia. La Biblia declara que la misericordia triunfa sobre el juicio. Pero Dios es rico en misericordia. Es un Dios de segundas oportunidades.

Algo sé de las segundas oportunidades, porque mis hijos jugaban a *tee-ball*. ¿Hablas en serio? La pelota está quieta sobre una T de goma. ¿Cuántos *swings* tienen estos niños? En el octavo, los padres desde las gradas gritan: «¡Buen *swing*, Johnny!».

Y yo pienso: «¡Si ni siquiera ha tocado la T de goma y la tiene a un metro veinte delante de él! ¿Por qué celebramos esa mediocridad?».

Luego, en el octavo *swing*, barre la parte inferior de la T, y la pelota se cae. Y el entrenador grita: «¡Corre!».

Es muy parecido a lo que Dios hace. Tenemos un golpe, otro, otro y todo el mundo dice: «No puedo creerlo. Este tipo sigue vivo. Es increíble que Dios siga bendiciéndolo».

Seguimos balanceando y haciendo oscilar el bate. Y Dios, que es rico en misericordia, recoge la pelota de nuevo. «Otro *swing*, bateador. Solo un *swing* más».

Mientras tanto, la gente nos observa y menea la cabeza. «Está eliminado».

Dios dice: «No estará eliminado hasta que yo lo diga».

Efesios 2 declara que Dios no solo es rico en misericordia, sino que también tiene «gran amor». Me gusta esa frase. No solo amor, sino gran amor. Amo a unas cuantas personas en este mundo, pero mi amor está lejos de ser grande. Es limitado y falla, y con frecuencia lleva un matiz de egoísmo.

Pero Dios ama al mundo.

¿Quién es este Dios con tantas capas de misericordia y un amor tan asombroso y grande? ¿Quién es este Dios que busca a gente que está muerta y los devuelve a la vida, no por sus méritos o por su potencial, sino porque está lleno de misericordia y amor?

Algunos creemos que Dios nos ama por el potencial que tenemos. *Ahora se nos ve mal*, pensamos, *pero Dios nos salva, porque algún día seremos algo.*

Nos imaginamos a Dios diciéndole a su ángel principal:

—¡Hey Gabriel! ¿Ves a ese tipo de ahí?

—Eehh, ¿a ese desastre andante?

—Sí, ese. Tiene potencial.

—¿Qué? ¡Vamos, Dios! Estás perdiendo el tiempo.

Y en nuestra imaginación oímos a Dios responder:

—No, de verdad; puedo verlo. Cuando haya trabajado en él durante unos años, será un cristiano productivo. Creo que podrá ayudarme.

Esto suena muy espiritual. Suena humilde. Pero no lo es. En realidad, es otra forma de decir que merecíamos ser salvos. Tal vez no hayamos hecho nada todavía, pero nos halaga pensar que Dios nos salvó porque sabía en qué podíamos convertirnos.

Escúchame, Dios no nos salva porque tengamos potencial. Eso es ridículo. Lo tenemos —hasta aquí es cierto—, pero Dios no nos rescata de la muerte del pecado solo para que podamos ayudarle. Él no necesita nuestra ayuda.

Solo quiere amarnos. Quiere ser amado por nosotros.

Es como si dijera que tengo hijos solo para que alguien limpie mi casa. ¡Por favor! Todo el que tenga hijos se reirá ante esta idea. Cuando uno tiene niños alrededor, hasta la pastilla de jabón está sucia. Pero no importa. No nos preocupamos, al menos no la mayor parte del tiempo. Los niños son absolutamente lo que más llena en la vida aparte de Dios y del matrimonio.

Mi esposa y yo escogimos tener hijos, porque anhelábamos una relación de familia. En un sentido muy real, los amábamos antes de que existieran. No tenía nada que ver con su potencial para limpiar la casa o pagar las facturas. Fue una iniciativa nuestra motivada por nuestro amor.

Dios nos vio, muertos en nuestros pecados, y no pudo quedarse allí sentado, sin más. Su rica misericordia y su gran amor lo impulsaron a proporcionarnos una forma de llevarnos de vuelta a la vida.

Por eso envió a Jesús.

En Jesús, todas las personas pueden vivir de verdad.

CATORCE

Jesús el zombi

El Evangelio de Mateo acaba con una nota espectacular. Anteriormente cité el último versículo, en el que Jesús promete estar con nosotros siempre. En realidad, todo el capítulo final es un signo de admiración que celebra la mayor de las victorias en la vida de Jesús y nos desafía con un futuro glorioso.

El momento es justo después de la muerte de Jesús. El gobierno romano se sentía aliviado, porque el tipo que había desatado tanto malestar civil ya no era problema suyo. Los fariseos estaban exultantes, porque su competidor había sido eliminado. Los discípulos se sentían aterrorizados y confusos, porque esto no tenía nada que ver con lo que ellos habían imaginado.

El capítulo 28 dice así:

Pasado el día de reposo, al amanecer del primer día de la semana, vinieron María Magdalena y la otra María, a ver el sepulcro.

Y hubo un gran terremoto; porque un ángel del Señor,

descendiendo del cielo y llegando, removió la piedra, y se sentó sobre ella. Su aspecto era como un relámpago, y su vestido blanco como la nieve. Y de miedo de él los guardas temblaron y se quedaron como muertos.

Mas el ángel, respondiendo, dijo a las mujeres: No temáis vosotras; porque yo sé que buscáis a Jesús, el que fue crucificado. No está aquí, pues ha resucitado, como dijo. Venid, ved el lugar donde fue puesto el Señor. E id pronto y decid a sus discípulos que ha resucitado de los muertos, y he aquí va delante de vosotros a Galilea; allí le veréis. He aquí, os lo he dicho.

Entonces ellas, saliendo del sepulcro con temor y gran gozo, fueron corriendo a dar las nuevas a sus discípulos. Y mientras iban a dar las nuevas a los discípulos, he aquí, Jesús les salió al encuentro, diciendo: ¡Salve! Y ellas, acercándose, abrazaron sus pies, y le adoraron. Entonces Jesús les dijo: No temáis; id, dad las nuevas a mis hermanos, para que vayan a Galilea, y allí me verán.

Mientras ellas iban, he aquí unos de la guardia fueron a la ciudad, y dieron aviso a los principales sacerdotes de todas las cosas que habían acontecido. Y reunidos con los ancianos, y habido consejo, dieron mucho dinero a los soldados, diciendo: Decid vosotros: Sus discípulos vinieron de noche, y lo hurtaron, estando nosotros dormidos. Y si esto lo oyere el gobernador, nosotros le persuadiremos, y os pondremos a salvo. Y ellos, tomando el dinero, hicieron como se les había instruido. Este dicho se ha divulgado entre los judíos hasta el día de hoy.

Pero los once discípulos se fueron a Galilea, al monte donde Jesús les había ordenado. Y cuando le vieron, le adoraron; pero algunos dudaban.

Y Jesús se acercó y les habló diciendo: Toda potestad me es dada en el cielo y en la tierra. Por tanto, id, y haced discípulos a todas las naciones, bautizándolos en el nombre del Padre, y del Hijo, y del Espíritu Santo; enseñándoles que guarden todas las cosas que os he mandado; y he aquí yo estoy con vosotros todos los días, hasta el fin del mundo.

He vuelto

En un momento, todo cambió. Fue el final feliz por excelencia, como un triple en el último segundo. Todos sabían que Jesús estaba muerto. Habían visto cómo los soldados romanos lo habían ejecutado, y esos eran unos profesionales del matar.

Pero ahora está vivo. Aparece en lugares al azar, da sustos de muerte a sus ya inquietos discípulos, y les dice: «He vuelto». Por alguna razón, siempre me lo imagino con acento austríaco.

Los romanos y los fariseos estaban en estado de pánico, mientras los discípulos andaban locos de contentos. Unos cuantos seguidores de Jesús necesitaron un poco de convencimiento, porque, como muchos de nosotros, eran más propensos a creer las malas noticias que las nuevas.

¿De veras?, debió de pensar Jesús. *Regreso de entre los muertos y mis amigos ni me reconocen. ¡Patético!*

Pero Jesús había vuelto, como había prometido.

Y, hablando de apocalipsis zombi —que no es el caso, pero así funciona mi cerebro—, podríamos decir que Jesús fue el máximo exponente zombi. Lo mataron, regresó de los muertos, y ahora viene a por ti.

Bueno, algunos de ustedes harían bien en descubrir un cierto sentido de humor. Vivirán más.

La cosa es así: si Jesús solo hubiera muerto y nada más, no habría nada de extraordinario. La gente se muere todo el tiempo, incluso las buenas personas. Es la condición humana.

Muchos incluso han dado su vida por sus creencias. Los recordamos como mártires, su legado nos inspira, y, a veces, hasta nos dan un día libre en su honor, pero eso es todo.

Pero si es verdad que Jesús resucitó de los muertos, esto lo cambia todo. Significa que venció al enemigo final: la muerte. Quiere decir que todo lo que afirmó sobre sí mismo es verdad. No es solamente humano. Es Dios. Y es la respuesta a los problemas de la humanidad. Es el Salvador.

Los fariseos se dieron cuenta de esto mucho antes. Desconocemos si de verdad creyeron o no que había vuelto a la vida. Sospecho que algunos sí, pero no podían digerirlo. No eran capaces de adaptar su pensamiento. No querían una perspectiva más amplia. No deseaban importunar al *statu quo*.

Sabían lo que ocurriría si se rumoreaba que había vuelto. Socavaría toda su forma de vida. Las autoridades religiosas dejarían de ser el camino hacia Dios, ahora lo sería Jesús. Los pecadores no quedarían ya excluidos de la salvación, sino que serían los principales candidatos a ella. La gente ya no se esforzaría en cumplir leyes imposibles; seguirían a Jesús, cuyo yugo era fácil y su carga ligera, y vivirían en los amplios espacios abiertos de la gracia.

De modo que mintieron. Y sobornaron a los guardias romanos para que difundieran la mentira. Además, prometieron proteger a estos soldados a los que habían comprado. Sí, era algo turbio, pero mejor que aceptar que las leyes del universo se habían cambiado por completo, porque Dios mismo, el hacedor de ellas, había estado en medio de ellos sin que lo reconocieran.

No quiero criticar a las personas sinceras, pero numerosas buenas personas llegan demasiado lejos para evitar la conclusión de que Jesús es Dios. Pueden aceptar que fue un buen hombre, incluso uno extraordinario. Lamentan que un tipo tan bueno muriera por sus creencias. «Es triste. ¡La gente puede ser tan horrible algunas veces entre sí!». Desean que hubiera podido proseguir con su carrera como maestro espiritual iluminado. Apoyan sus enseñanzas sobre el amor y la justicia como ideal que la humanidad debería perseguir. Y se sienten mal, ponen cara larga y regresan a su vida y sus problemas con las mismas perspectivas limitadas de todos los que los rodean.

Pero Jesús no solo murió. Resucitó de los muertos.

Es lo que un Dios habría hecho, porque un Dios eterno, infinito, no puede morir —al menos no de forma permanente— a manos de su creación. La resurrección demuestra que todo lo que afirmó era verdad. Nos da a todos la esperanza de que podemos vivir en victoria en esta vida. Demuestra que la vida sigue después de acabarse nuestro tiempo en la tierra.

El evangelio consiste en buenas nuevas, por la resurrección. No trata simplemente de que Jesús muriera por nuestros pecados. Esa es la primera mitad. La segunda es que resucitó de nuevo, demostrando de una vez por todas que el pecado y la muerte estaban vencidos y que podemos tener vida eterna.

Conejos de chocolate huecos

Cuando fui creciendo, mis padres me compraban cada año un

conejo de Pascua de chocolate. En cada ocasión, yo abría la caja, sacaba el conejo, le mordía una oreja, esperando que, ese año, fuera de chocolate macizo. Nunca lo fue. Estaba hueco. Como cada estúpido año. ¿Por qué no se me permitía nunca el lujo de tener un conejo de Pascua de chocolate macizo? ¿Por qué?

Pablo escribió en 1 Corintios 15.16-20:

> Porque si los muertos no resucitan, tampoco Cristo resucitó; y si Cristo no resucitó, vuestra fe es vana; aún estáis en vuestros pecados. Entonces también los que durmieron en Cristo perecieron. Si en esta vida solamente esperamos en Cristo, somos los más dignos de conmiseración de todos los hombres. Mas ahora Cristo ha resucitado de los muertos; primicias de los que durmieron es hecho.

Pablo está diciendo a los cristianos de Corinto que si Jesús no hubiera resucitado de los muertos, su fe sería tan hueca como un conejo de Pascua de chocolate. Sin sustancia. Sin significado. Inútil. Tan solo una farsa.

Si Jesús no hubiese resucitado, significaría que seguimos en nuestros pecados. Su muerte no habría servido para nada. No habría sido suficiente. Él no habría sido lo suficientemente fuerte para derrotar al enemigo final, la muerte.

Debemos entender que la muerte no formaba parte de la creación original de Dios. Fue un efecto del pecado. De manera que, si ella derrotaba a Jesús, la cuestión del pecado habría quedado sin resolver, y seguiríamos perdidos en nuestras transgresiones.

El apóstol llega a decir que si el cristianismo consistiera en ser buenos niños y niñas únicamente en esta vida, y nada más, somos las criaturas más dignas de lástima del planeta.

En otras palabras, la idea no es esta vida. Desde luego, es maravillosa y Dios tiene cosas buenas para nosotros mientras estamos en la tierra. Pero Jesús no dio su vida para fomentar un código moral de conducta. No sufrió y murió por la paz mundial. Nuestra fe no trata sobre el estudio de la Biblia, orar o asistir a la iglesia. Todo esto es bueno, pero la victoria de Jesús era mayor.

Jesús vino para que pudiéramos vivir para siempre en él. En esto consiste la verdadera vida.

De una forma u otra, ganamos

La Biblia habla mucho de milagros y de sanación divina. En nuestra iglesia hemos orado por muchos enfermos y hemos visto curaciones genuinas, hasta en situaciones muy difíciles. No todos se curaron, pero sí muchos. Estoy convencido de la disposición y el poder de Dios para sanar a los enfermos, como hizo Jesús hace muchos años.

Por tanto, cuando mi padre recibió el terrible diagnóstico del cáncer, mi familia y mi iglesia pelearon la buena batalla de la fe. Oramos sin cesar por él. Nos mantuvimos firmes en las promesas de la Biblia y creímos que Dios sanaría su cuerpo y prolongaría su vida.

La gente de mi iglesia es asombrosa, permíteme decirlo. Su efusión de amor en aquel tiempo todavía me conmueve hasta las lágrimas. Mi familia estará en deuda con ellos para siempre. Juntos caminamos por el valle de sombra de muerte, y hasta en los momentos más tenebrosos no fluctuaron en su fe.

Durante muchos años, mi padre no tuvo apenas síntoma alguno de cáncer. Los tratamientos tenían, en aquel tiempo, efectos secundarios complicados, pero la enfermedad en sí parecía controlada. Nuestra fe era alta. Orábamos con energía y llenos de confianza.

Tras varios años, sin embargo, empezó a empeorar de forma significativa. Los recuentos en la analítica de sangre se iban deteriorando. El dolor aumentaba. Los tratamientos ralentizaban el progreso del cáncer, pero su salud había tomado un rumbo definitivo a peor.

A medida que iban cambiando las circunstancias, nos vimos obligados a preguntarnos qué creíamos de verdad sobre Dios, sobre la muerte y sobre el significado de la vida. No creo que dudáramos de la bondad divina o de su poder para sanar, pero tuvimos que luchar con preguntas que nunca creímos tener que afrontar.

¿Qué ocurrirá si el pastor Wendell no se cura? Se veía que esta pregunta estaba en la mente de todos. *Llevamos años orando por su sanidad, creyendo que ocurrirá, comentando sobre nuestra seguridad de que se va a sanar... ¿pero y si muere? ¿Qué ocurrirá entonces con nuestra fe?*

Hacía poco que me había convertido en el pastor predicador de nuestra iglesia. Mi padre seguía siendo el pastor principal, pero, por causa de su salud, era raro cuando podía predicar. De modo que, cada fin de semana, yo me ponía delante de la iglesia y declaraba la bondad y el poder de Dios. Y en cada ocasión podía ver las preguntas en los ojos de las personas.

Sin embargo, la fe de mis padres era inextinguible, y todos nosotros nos entusiasmábamos y crecíamos en fe al verlos. Mi padre lo expresaba mejor: «De una forma u otra, ganamos».

Eso fue lo que yo afirmaba a la congregación semana tras semana, desde el púlpito. Ya fuera que Dios lo sanara o se lo llevara al hogar, no podríamos perder. Si se curaba, sería una victoria tremenda. Pero de no ser así, el cielo no sería una concesión. No sería una derrota.

En el 2010, unos pocos días antes de Navidad, mi padre falleció. Está en un lugar mejor, un sitio infinitamente mejor. Acabó su carrera, peleó la buena batalla de la fe y pasó el testigo a la siguiente generación. Ahora, creo que desde arriba me mira a mí y a nuestra iglesia y nos alienta.

Nos entristecimos, por supuesto, y la pérdida fue difícil. Seguimos echándolo de menos todos y cada uno de los días. Pero nuestra perspectiva en esta vida se basa en la eternidad. Sabemos que lo volveremos a ver. Estamos seguros de que la bondad, el amor y el poder de Dios son tan reales como siempre.

La Biblia denomina a la muerte el enemigo final. Es un adversario mucho mayor que la enfermedad, la duda, el temor, el pecado, la pobreza o el dolor. Jesús venció a este enemigo final en la resurrección. Esto significa que no tenemos por qué temer a nada, ni siquiera a la muerte. Creo firmemente que el cielo fue la máxima victoria para mi padre. La muerte no lo derrotó, porque Jesús ya la había vencido.

Romanos 5.21 afirma: «Para que así como el pecado reinó para muerte, así también la gracia reine por la justicia para vida eterna mediante Jesucristo, Señor nuestro». El pecado, la muerte y el diablo no representan ya una amenaza cuando sabemos quiénes somos en Jesús.

Así es como ganamos perspectiva en la vida. El evangelio es lo que lleva las cosas de nuevo a su proporción. Las malas noticias abundan, pero las buenas nuevas del evangelio triunfan siempre. Los obstáculos pueden crecer, pero Jesús es mayor que todos ellos.

El cielo (no) se cae

En ocasiones, los cristianos son los mayores agoreros del mundo. Esto no es saludable. Para ser sincero, ni siquiera es cristiano. El miedo es una acusación contra nuestro Dios.

Algunos de nosotros entramos en un estado de completa consternación cuando la persona por la que hemos votado no sale elegida, o cuando nos enteramos de guerras o desastres. Pensamos que es el fin del mundo. Que es el Armagedón.

Lo lamento, pero no suscribo la noción de que el mundo sea un desorden sin esperanza y que solo tenemos que aguantar hasta que Jesús regrese. Me niego a almacenar armas y oro, construir una casita en un árbol de Montana, y esperar a que el mundo se deshaga en humo.

Nuestra tendencia a reaccionar de forma exagerada ante las malas noticias es tristemente legendaria. No hacemos más que gritar una y otra vez: «¡Es el fin del mundo!» hasta que la gente acaba metiéndonos en el mismo saco que Chicken Little y el niño que gritaba que venía el lobo.

Resulta extraño, pero algunos disfrutan de verdad con las malas noticias, incluso gente que afirma creer que Dios tiene el control. Son instigadores del miedo. Siempre se ponen en lo peor. Trafican con el terror y venden el pánico de puerta en puerta.

Noticia de última hora: independientemente del estado del mundo o de los resultados del sondeo electoral de tu político favorito, Jesús sigue teniendo el control. No lo votaron para asumir el cargo ni pueden votar para cesarlo. Gobierna y reina sobre los asuntos de la humanidad.

Porque Jesús vive, yo puedo vivir de un modo distinto. Puedo actuar y reaccionar desde un lugar de paz y con una actitud de seguridad.

Jesús controla mi pasado, mi presente y mi futuro. La desesperación por mis fracasos pasados o el temor por mis problemas futuros no pueden controlar mi presente, porque Jesús me gobierna con paz.

Dios dice en un pasaje poético de Isaías: «El cielo es mi trono, y la tierra estrado de mis pies» (66.1). En otras palabras, Dios es mucho más grande que nosotros. Su perspectiva del planeta no se limita al tiempo y al espacio.

En otro pasaje de Isaías, afirma: «Porque mis pensamientos no son vuestros pensamientos [...]. Como son más altos los cielos que la tierra, así son mis caminos más altos que vuestros caminos, y mis pensamientos más que vuestros pensamientos» (55.8-10).

Estoy convencido de que, comparándolos con Dios, no podemos hacer que nuestros problemas sean lo suficientemente pequeños. No podemos minimizar bastante el pecado y la enfermedad. Cuando consideramos la magnitud y la majestad de nuestro Dios, cuando nos damos cuenta de que Jesús está aquí con nosotros, independientemente del giro o rumbo que tome nuestra vida, hallamos paz.

Algunos piensan que Jesús y Satanás tienen un poder prácticamente equivalente. Creen que el bien y el mal esquivan los respectivos golpes en el cuadrilátero, y que el destino del universo depende de este combate. Ha llegado el decimoquinto asalto y estamos en las gradas, esperando contra todo pronóstico que Jesús se alce con la victoria, pero la cosa pinta mal. El mal parece ganar.

Cada vez que Jesús recibe un derechazo en la mandíbula, hacemos una mueca y gemimos. Alguien grita: «¡Dios mío! ¡Que alguien detenga la pelea! ¡Está sangrando! ¡Está recibiendo demasiados golpes!».

Jesús se retira a su rincón, con su entrenador, el Espíritu Santo, que le dice: «Tú sigue bailando. No dejes de distraerle y lánzate sobre él. Tal vez siga habiendo una oportunidad».

Los espectadores piensan: *¡Uf! Espero que Jesús remonte.*

¡Espera un momento! ¿Cómo dices? ¿Una remontada? ¿De dónde sacamos esta idea? Jesús es Dios. Para él no existen las remontadas. Cuando solo tú eres Dios y nadie más, jamás te quedas atrás.

Mi padre solía decir: «Servimos a un gran Dios y quien se opone a nosotros es un pequeño y diminuto diablo». No lo entendamos a la inversa. No existe la menor duda de quién será el vencedor en la lucha entre el bien y el mal, porque la muerte y la resurrección de Jesús ya le dieron a Satanás el golpe fatal. El diablo no es nada más que un perro atado con correa. Un león sin dientes. Un mago que se esconde detrás de una cortina, intentando manipularnos a través de humo y espejos. No tienes más que leer el final de la Biblia. Ganamos.

No me preocupa el estado de la Unión, del universo o de mi economía. Me acostaré esta noche con una sonrisa en el rostro, no solo por dormir junto a la mujer más hermosa del mundo, sino porque Jesús tiene el control.

No es irresponsabilidad, credulidad o ingenuidad. Es vida de verdad.

QUINCE

Un nuevo camino para ser genuinamente humano

Quiero prepararte para lo que estoy a punto de decir. No quiero que tengas una peor opinión de mí, pero intentaré ser verdaderamente sincero y transparente en esto.

Cuando Michael Jackson falleció hace un par de años, escuché todas sus canciones. Varias veces. Y las disfruté.

¿Está bien? Pues ya está. Lo he confesado.

Con esto no quiero decir que todas sus canciones tengan las letras más piadosas. Por esta razón, muchos de ustedes preguntan: «Michael ¿qué?».

Sí, no me lances esa mirada religiosa. Sé que tienes la canción de *Liberen a Willy* en tu iPod.

De hecho, una de sus canciones ilustra lo que quiero decir en este capítulo. Se llama «Human Nature» [Naturaleza humana] y pertenece al álbum *Thriller,* del que estoy seguro no sabrás nada, porque has estado leyendo la Biblia y escuchando a Pavarotti. Pero este álbum tuvo mucho éxito, aunque nunca hayas oído hablar de él.

A veces lo siento por mi esposa, porque se me meten canciones en la cabeza y las canto una y otra vez. Lo único es que para mí es un gran desafío lograr recordar las verdaderas palabras de una canción, de modo que o bien repito y repito lo mismo, o me lo invento. ¡Esto sí que es poner a prueba la fe de mi esposa!

El estribillo dice así: «*If they say "why, why?" Tell'em that it's human nature*» [Si te preguntan «¿Por qué?, ¿por qué?», diles que es la naturaleza humana].

Es una línea pegadiza, pero, claro está, es lo único que recuerdo de la canción. De modo que, durante un par de días, me paseé por la casa cantando: «*Why, why? Tell'em that it's human nature...*».

Mi pobre esposa se quejaba: «¡Por lo que más quieras, Judah! ¡Por favor!».

En ese tiempo había estado pensando mucho en un pasaje de Colosenses. Caí en la cuenta de que, en realidad, esta canción del Rey del Pop ilustra sumamente bien el argumento de este pasaje. Colosenses 3.1-11 declara:

Si, pues, habéis resucitado con Cristo, buscad las cosas de arriba, donde está Cristo sentado a la diestra de Dios. Poned la mira en las cosas de arriba, no en las de la tierra. Porque habéis muerto, y vuestra vida está escondida con Cristo en Dios. Cuando Cristo, vuestra vida, se manifieste, entonces vosotros también seréis manifestados con él en gloria.

Haced morir, pues, lo terrenal en vosotros: fornicación, impureza, pasiones desordenadas, malos deseos y avaricia, que es idolatría; cosas por las cuales la ira de Dios viene sobre los hijos de desobediencia, en las cuales vosotros también anduvisteis en otro tiempo cuando vivíais en ellas. Pero ahora dejad también vosotros todas estas cosas: ira, enojo, malicia, blasfemia, palabras deshonestas de vuestra boca. No mintáis los unos a los otros, habiéndoos despojado del viejo hombre con sus hechos, y revestido del nuevo, el cual conforme a la imagen del que lo creó se va renovando hasta el conocimiento pleno, donde no hay griego ni judío, circuncisión ni incircuncisión, bárbaro ni escita, siervo ni libre, sino que Cristo es el todo, y en todos.

Todos nosotros podemos identificarnos con la canción de Michael Jackson, porque, lamentablemente, estamos increíblemente familiarizados con la naturaleza humana. Es parte de quienes somos.

Pero he aquí la gran idea de este pasaje. En realidad es el subtítulo de todo este libro. Por esta razón es tan importante comprenderla.

Jesús nos presenta un nuevo camino para ser genuinamente humanos.

En Jesús, y solo en él, se nos ofrece un nuevo estilo de vida. Cuando Jesús resucitó de los muertos, nosotros también, a nivel espiritual. Algún día, también lo haremos de forma física, pero, por ahora, tenemos una nueva vida espiritual, una nueva naturaleza.

De hecho, podemos trascender la naturaleza humana. No tenemos por qué estar sujetos a todos nuestros impulsos y necesidades, a todos nuestros deseos y pasiones.

Ahora no soy un mero ser humano «normal». Tengo una

nueva forma de vida. Soy un nuevo tipo de ser humano. Por Jesús, tenemos una nueva humanidad.

Jesús, el lunes

Muchos de nosotros asistimos a la iglesia el domingo y escuchamos a un predicador que habla sobre Jesús. Oímos cómo Jesús nos ayuda a trascender nuestra humanidad y a vivir en santidad. Oímos que Jesús nos da gracia.

Luego, nos despertamos el lunes por la mañana, y algo ocurre. Pasamos del lema: «Soy lo que soy por la gracia de Dios» a «Dios ayuda a los que se ayudan a sí mismos».

Para tu información, solo el primero de estos dos eslóganes está respaldado por la Biblia.

De manera que pensamos: *Bueno, Jesús ha sido extraordinario para el domingo, pero ahora ha llegado el lunes, tengo que poner en marcha mi trabajo. Si consigo algo será porque lo voy a trabajar. Y Dios me va a bendecir, porque así lo hace con todo el que trabaja duro de verdad.*

Nos machacamos la espalda, pues, trabajando toda la semana y acabamos hechos polvo y frustrados, y el domingo siguiente volvemos a la iglesia y exclamamos: «¡Uau! ¡Qué buen mensaje sobre Jesús!».

Suena un tanto esquizofrénico, ¿no? Nos agotamos, porque pensamos que Jesús es para el domingo, y el trabajo para el resto de la semana. Yo no quiero limitarme a hablar, cantar y predicar de Jesús el domingo. Quiero a Jesús cada día, en todos los ámbitos de mi vida.

Siéntate

En Colosenses 3, Pablo perfila para nosotros cómo es vivir en la gracia desde el lunes hasta el sábado. Observa las palabras con las que empieza: «Si, pues...». Es una sencilla frase con tremendas implicaciones. Quiere decir: «Sobre la base de todo lo que estoy diciendo, hagan esto».

Si lo vuelves a leer, descubrirás que Pablo ha utilizado dos capítulos para ensalzar la gracia increíble de Dios en funcionamiento en nuestra vida. Ha colocado un trabajo preliminar basado en Jesús y su obra en la cruz. Describe cómo Jesús es el centro de todo. Afirma que nuestra vieja y pecaminosa naturaleza murió y fue sepultada con él. Cuando Jesús resucitó, nosotros también nos levantamos a la vida, espiritualmente hablando, pero ahora tenemos una nueva naturaleza: una naturaleza divina.

Luego comienza el capítulo 3 con estas palabras: «Oigan, teniendo en cuenta todo lo que estoy diciendo sobre Jesús, la gracia y su nueva naturaleza, aquí tienen todo lo que necesitan hacer».

Estoy contento de que Colosenses 3 no sea Colosenses 1. Si Pablo hubiera comenzado su carta con una lista de debes y no debes —sin echar el fundamento teológico de Jesús en el centro—, estaríamos aún viviendo por la ley, dependiendo de nuestros actos para abrirle la puerta a Dios.

Me encanta cómo Pablo pone la pelota en nuestro campo:

—Entonces, ¿han resucitado ustedes con Cristo? ¿Sí o no?

—Bueno... sí.

—¿Están seguros? No parecen demasiado convencidos.

—Sí estoy seguro. He resucitado.

—Está bien; han resucitado con Cristo. Basándonos en este hecho, busquen, pues, las cosas de arriba.

Dicho de otro modo, asegúrate de no basar tu obediencia sobre nada que no sea la obra acabada de Jesús. No sigas esforzándote y luchando por ser justo apoyándote en tus propios méritos como solías hacer. Ahora tienes una nueva naturaleza.

El pasaje que he citado anteriormente utiliza una palabra extraña para describir a Jesús. Dice que está *sentado* en el cielo. ¿Sentado? ¿Está sentado? ¿Apoltronado con los pies en alto y una bebida fría en la mano? ¿No debería estar caminando de un lado a otro, gritando a su equipo que corran en el partido, que se pasen la pelota y que venzan a la oposición?

Estar en pie implica acción. Urgencia. Actividad. Jesús debería estar de pie.

Pero está sentado.

Es la postura del reinado. Jesús no está de pie. No camina alrededor, siguiendo nuestros pasos ni va de un lado a otro. No se muerde las uñas. No está transpirando.

Está sentado. Está relajado y tranquilo. Está en el cielo y todo está bien. Todo está acabado. Se sienta allí, a la diestra de Dios, afirma la Biblia, se ríe de sus enemigos y convierte toda la tierra en su reposapiés.

Si quisiéramos orientar nuestra vida alrededor de la realidad de que Jesús está sentado en el cielo, esto afectaría a nuestros lunes.

La primera postura de un creyente no consiste en caminar. No es ir de un lado a otro. No es desfilar. No es esprintar como loco de una actividad a otra.

Es estar sentado. Cuando nacimos de nuevo, fuimos llamados a descansar en su obra acabada.

Dios nos está diciendo: «Siéntate».

Y es como si le respondiéramos: «No, Dios, tengo algo que hacer».

«Siéntate».

«Pero tengo que hacer esto, tengo que hacer aquello».

«Siéntate».

Cuando te despiertas por la mañana o cuando trabajas duro para mantener a tu familia y pagar las facturas, o cuando empiezas a estresarte por tu futuro, acuérdate de sentarte. No olvides volver a orientar tu vida alrededor de la realidad de Jesús. Recuerda que no es por tu fuerza, tu poder, tu ingenio o tu educación. Es la obra de Jesús.

Se trata de quién soy

Al diablo le encantaría que creyéramos que el pecado no está completamente derrotado, que, en cierto modo, nuestro pecado en particular se escapó de la cruz y que ni Jesús pudo exterminarlo. Que ahora estamos atascados en él. Que nos posee. Que nos define. Que es nuestro pecado mascota, nuestro demonio interno, nuestro vicio personal.

El diablo es un mentiroso. El pecado ha sido derrotado. Dios está por nosotros, Jesús está con nosotros y su gracia es suficiente.

En algún punto de nuestra vida empezaremos a pecar de nuevo. Y las probabilidades son que no tardaremos en hacerlo. Pero Jesús lo sabía y, de todos modos, nos salvó. En un momento de gracia y fe, perdonó todo el pecado que cometiste, que cometes y que cometerás.

Este pensamiento me maravilla: Dios ve defectos de carácter en mí que ni siquiera yo veo, y no se preocupa por ello. No está planeando trabajar en algunos de esos ámbitos durante otros treinta años. Tendré sesenta y tres años y, una mañana Dios me dirá: «Judah, hay un ámbito en el que vamos a empezar a trabajar ahora». Y, mientras tanto, no se sentirá frustrado conmigo. No me apartará con el brazo rígido cuando intente acercarme a él. No me está poniendo en cuarentena para que no contagie a otro. Me dice que está orgulloso de mí, que se complace en mí, que soy sorprendente.

Tenemos tanta prisa por perfeccionarnos nosotros mismos, porque pensamos que, tan pronto lo hagamos, Dios nos amará más.

Pero nunca nos va a amar más de lo que ya lo hace ahora. Nunca nos aceptará mejor que ahora mismo.

Dios no tiene prisa por arreglarnos. Nuestra conducta no es su primera prioridad. Nosotros lo somos. Amarnos, conocernos, afirmarnos, protegernos. Este es su objetivo principal y su mayor preocupación.

Nuestra lucha contra el pecado es noble y buena, pero no nos equivoquemos: no estamos peleando para ser justos. Ya lo somos. Sencillamente estamos aprendiendo a vivir de forma externa como la persona que somos en nuestro interior.

En el pasaje de Colosenses que he citado, Pablo declara que debemos despojarnos de nuestra vieja naturaleza y revestirnos de la nueva. En otras palabras, dejar de actuar como quienes no somos y hacerlo como quienes somos de verdad.

Resulta agotador actuar como lo que no somos. Sin embargo, así es como solemos acercarnos a los mandamientos de Dios.

La opinión popular afirma que la santidad cuesta, igual que cuestan la piedad, el dar, la compasión, ganar a los perdidos. Pero no es así cuando soy quien soy. De repente, solo tengo que ser yo. Y esto no cuesta. Puedo hacerlo.

Con frecuencia nos decimos: *¡Está bien, ser humano egoísta! ¡Ve inmediatamente a amar a alguien hoy de parte de Jesús!* Y nos respondemos a nosotros mismos: *Bueno, en realidad yo no soy así, pero lo intentaré. Sonreiré, pero no quiero hacerlo.*

Por alguna razón, tendemos a pensar que «ser un cristiano» significa «ser lo que no soy». Pero esto no es verdad.

Jesús me dio una nueva forma de ser genuinamente humano. En el centro de mi ser, soy santo, justo, piadoso, compasivo, generoso, amoroso y sensible. Tengo una nueva naturaleza, y refleja al Dios que me creó.

Hemos de dejar de vernos como pecadores. En el cielo no existe un concepto de nosotros como tales. Así como el Este está lejos del Oeste, afirma la Biblia, a la misma distancia Dios ha echado nuestros pecados de nosotros. No los recuerda. Cuando nos mira, no ve a un pecador. Ve a un santo.

Es lo que somos en realidad.

De verdad.

No lo digo para engañarte y que te sientas mejor contigo mismo. No es un juego de palabras planeado para justificar el pecado. Son las buenas nuevas de la gracia.

En ocasiones, el pecado puede parecer tan grande e inamovible que pensamos: *Así soy en realidad. Es la cruda verdad. Estoy realmente caído, soy profano, lujurioso, un mentiroso, una persona negativa. Está en mi familia. Está en mi naturaleza. Es mi tendencia.*

Así que pecamos. Y lo odiamos. E intentamos luchar en contra, pero es como si peleáramos contra nosotros mismos.

«*Tell'em that it's human nature. Why? Why?*» [Diles que es nuestra naturaleza humana. ¿Por qué? ¿Por qué?].

No, Michael, ya no. He dejado de hacer las cosas de ese modo. Ese no soy yo. Cuando hago cosas impías, no actúo como quien soy.

Sí, estos pecados son reales. Pero no nos definen. El enojo, la ira, la malicia, las palabrotas, nada de esto pertenece a quienes somos. Hemos de considerar estas cosas como intrusiones. El pecado es un extraño, un invasor, un parásito. No forma parte de la creación de Dios.

Mi verdadera identidad es la del yo justo, y esto es mucho más real de lo que el pecado podrá ser jamás.

Para salvar a la humanidad, Dios se hizo hombre en la persona de Jesús. Durante este proceso, redefinió lo que significa pertenecer a la raza humana.

Jesús vino a mostrarnos un nuevo camino para ser genuinamente humanos.

Conclusión

JESÚS ES

Mi meta en este libro ha sido ayudarte a ver a Jesús tal como él es en realidad y a entender lo que significa para tu vida. Es la reflexión de un viaje personal en el que llevo ya varios años, un recorrido que me ha transformado desde adentro hacia afuera. Estoy más enamorado que nunca de Jesús. Me entusiasma más que nunca predicar el evangelio.

Mi oración es que el amor de Jesús te consuma, que impregne tu vida y dé color a tu existencia. No hay nada como él.

Esto es solo el principio. Estoy convencido de que el amor de Jesús y la belleza de la gracia son tan enormes, tan extraordinarias y tan extravagantes, que nos pasaremos una vida entera descubriendo sus implicaciones.

Si ciertos temas de este libro te han tocado la fibra sensible, te aliento a que respondas. Podría significar conectarte a una iglesia de tu vecindario que te ayude a crecer en Jesús. Tal vez quiera decir que tienes que aminorar el ritmo y pasar más tiempo dejando que Jesús te ame. Quizá te indique que debas hacer algunos cambios en tu estilo de vida.

Si pudiera dejarte una sola cosa, sería esta: no permitas que nada te detenga y reconcíliate con Dios. Independientemente de lo que hayas podido hacer, de quién seas, jamás es demasiado tarde para la gracia.

La Biblia dice que la salvación es un regalo. Es gratuita. No es necesario que estemos limpios de nuestros actos antes de acercarnos a Dios. No es preciso hacer ningún sacrificio ni pagar por nuestros pecados. Recibimos el perdón por la fe, y esto significa sencillamente que escogemos creer que Jesús murió en nuestro lugar.

Sé que suena demasiado bien para ser cierto.

Por eso se le llama gracia.

Y eso es lo que Jesús es.

Agradecimientos

Gracias Jesús

Gracias Chelsea.

Gracias Nuggets (Zion, Eliott y Grace).

Gracias papá.

Gracias mamá.

Gracias familia.

Gracias amigos.

Gracias iglesia.

Gracias Hillsong.

Gracias Thomas Nelson.

Gracias Esther.

Gracias Justin,

Gracias Sean.

Gracias Andrew.

Acerca del autor

Judah y Chelsea Smith son los pastores titulares de la *City Church* de Seattle, Washington. Judah es un célebre orador en conferencias e iglesias por todo el mundo. Sus mensajes divertidos, aunque muy emotivos, desmitifican la Biblia y muestran a las personas quién es Jesús en sus vidas cotidianas.

Antes de asumir el pastorado titular en el 2009, Judah dirigió el ministerio juvenil de la *City Church* durante diez años. Es autor de varios libros y una voz popular en Twitter (@judahsmith).

Judah y Chelsea tienen tres hijos: Zion, Eliott y Grace. Judah es un ávido golfista y un fan de todos los deportes. Cree que los Seahawks son el equipo favorito de Dios y ora para que los Sonics regresen a Seattle.